Scenario

French

Rod Hares

HODDER AND STOUGHTON

LONDON SYDNEY AUCKLAND TORONTO

TABLE DES MATIÈRES

In memory of Patrick Norris, who was a pupil at Rufford School, 1977–1984. Pat was a much-loved member of the school community who died after a climbing accident during his first term at University. I trust that some of his spirit will shine through this book.

I should also like to dedicate *Scénario* to the Magdalene and Magnus High Schools in Newark, in gratitude for the way they have looked after Lyn's and my four children.

RJH

British Library Cataloguing in Publication Data

Hares, R. J.
  Scenario French.
  1. French language—Spoken French
  I. Title
  448.3′421   PC2112
  ISBN 0 340 38447 6

First published 1986

Copyright © 1986 Rod Hares

Typeset in Erhardt by Macmillan India Ltd, Bangalore 25
Printed in Great Britain
for Hodder and Stoughton Educational
a division of Hodder and Stoughton Ltd, Mill Road
Dunton Green, Sevenoaks, Kent by
Page Bros (Norwich) Ltd

To the pupils who use this book

I do hope you have a great deal of fun using this book, but there is more to it than fun. A famous French playwright once said that the best way to learn was by enjoying yourself. So, I hope you will both enjoy yourselves and learn from the wide variety of French in *Scénario!*

Your teacher will probably have something to smile at and laugh about, too, as you work through the Units. Don't forget, then, play hard and work hard!

Bonne chance!

Rod Hares

Unité 1 Silhouettes

Voici une série de silhouettes d'objets très familiers. Apprenez-les par cœur, s'il vous plaît. Fabriquez ces silhouettes en carton à la maison.

Jeu-1: Le Jeu de Kim

1. Votre prof va vous montrer une série de silhouettes. Vous aurez une minute pour les regarder.

2. Votre prof va cacher un des objets pendant que vous fermez les yeux.

3. Après, vous devez écrire le nom de l'objet qui a disparu.

Jeu-2: Cherchez l'intrus

1. Votre prof va réciter une liste de quatre ou cinq objets.

2. Trouvez ces objets dans votre enveloppe et mettez—les sur votre table (ou pupitre).

3. Montrez ou écrivez l'intrus.

Jeu-3: Faites l'histoire!

1. Comme au dernier jeu, votre prof va réciter une liste d'objets.

2. Trouvez-les dans votre enveloppe et mettez-les sur votre table (ou pupitre).

3. Écrivez une phrase/un paragraphe sur les objets. Il faut mentionner chaque objet.

Jeu-4: Qu'est-ce qui manque?

1. Regardez l'écran, s.v.p. Votre prof va vous montrer un groupe d'objets. Vous avez vingt secondes pour les regarder.

2. Vous fermez les yeux et votre prof enlève un des objets.

3. Vous rouvrez les yeux, regardez l'écran une deuxieme fois, puis . . . .

4. Vous ou votre partenaire posez la question, «Qu'est-ce qui manque?». L'autre essaie de donner la réponse correcte.

ou

4. Vous écrivez dans votre carnet/cahier/classeur le nom de l'objet qui manque.

Jeu-5: On pense à qui?

1 Votre prof vous montre un objet en silhouette, qu'elle (il) associe avec quelqu'un dans votre classe.

2 Vous dites à votre partenaire le nom de la personne à qui votre prof pense, en expliquant pourquoi. *Par exemple*: Vous voyez une moto sur l'écran et vous dites «Elle (il) pense à Jackie, parce que c'est la moto de son ami Richard!».

OU

2 Vous ne parlez pas. Vous écrivez une solution possible dans votre cahier, avec une explication.

Unité 2 Actions (1)

Vous avez ici une série de 108 *actions-images* et vous allez les pratiquer avec votre prof.

✂ Avant de faire cela, vous avez quelque chose de très pratique à faire. Pour ceci, vous avez besoin d'un peu de carton et des ciseaux. Chaque image mesure 38×42 mm. Coupez une fenêtre dans votre carton qui vous laisse voir toute l'image, mais non pas la phrase dessous:

Maintenant, on est prêt à écouter les directives! On y va!

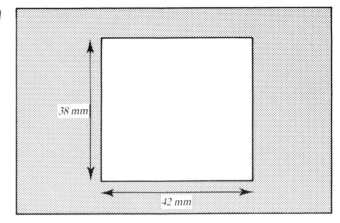

38 mm

42 mm

Il joue au billard

Elle danse

Elle saute

Il jette le ballon

Elle pêche

Il attrape la balle

Elle chasse le renard

Il nage

Elle frappe le voleur

Elle marche

Il passe le ballon

Elle roule un tonneau

Elle boit du vin

Il mange un casse-croûte

Elle polit une voiture

Il lave une voiture

Elle répare le mur

Il révise la voiture

Elle mesure la distance

Il cloue la planche

Elle scie du bois

Il souffle fort

Elle siffle un air

Il éternue

Elle ronfle au lit

Il crie

Elle vole en avion

Il voyage en bateau

Elle attaque le voyou

Il attend au coin de la rue

Elle porte une poubelle

Il donne un livre au vieillard

Elle travaille au chantier

Il téléphone

Elle écoute

Il parle

Elle ferme la portière

Il ouvre la porte

Elle court

Il écrit une lettre

Elle regarde les hommes

Il chante faux

Elle lit un magazine

Il dort dans un fauteuil

Elle compte l'argent	Il dessine sur le trottoir	Elle met une lettre à la poste	Il fait sa valise
60	59	58	57

Elle pousse la bagnole	Il coupe du bois	Elle veut manger	Il change de vêtements
56	55	54	53

Elle paie les billets	Il vend des glaces	Elle achète des provisions	Il prend une pillule
52	51	50	49

Elle livre un paquet	Il protège un blessé	Elle marque la route	Il défend le château-fort
48	47	46	45

L'avion arrive	Il vient à la maison	Elle va à pied	Il descend l'échelle de corde

Elle tombe du gratte-ciel	Il monte l'escalier	Elle sort du bâtiment	Il entre dans la pièce

Elle peint un portrait	Il nettoie l'argenterie	Elle dîne au restaurant	Il prend le petit-déjeuner

Elle finit de manger	Il prépare un repas	Elle note des chiffres	Il essuie le tableau

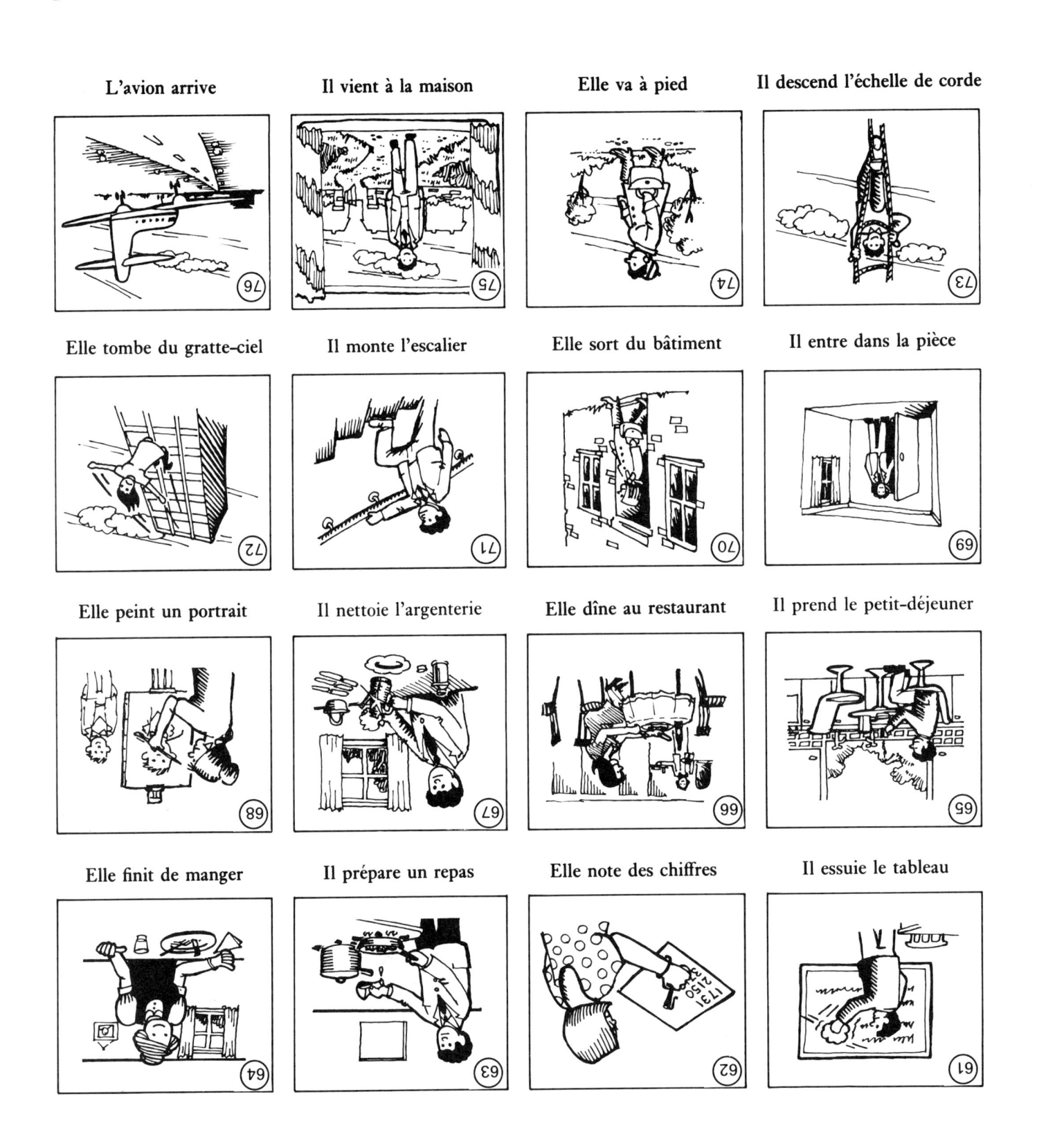

8

Il s'assied	Elle s'arrête	Il se peigne	Elle se brosse les cheveux
Il se rase	Elle s'habille	Il se lave	Elle se lève
Il se réveille	Elle meurt	Il naît	Elle rentre
Il revient	Elle retourne à la montage	Il reste assis	Le camion part

(93) Elle s'amuse

(94) Il se repose

(95) Elle se promène

(96) Il se tait

(97) Il tricote

(98) Elle coud

(99) Il rit

(100) Elle sourit

(101) Il pleure

(102) Elle jure

(103) Il chuchote

(104) Elle cache son argent

(105) Il tire la pompe

(106) Elle cherche un criminel

(107) Il trouve l'automobiliste

(108) Elle remplit le verre

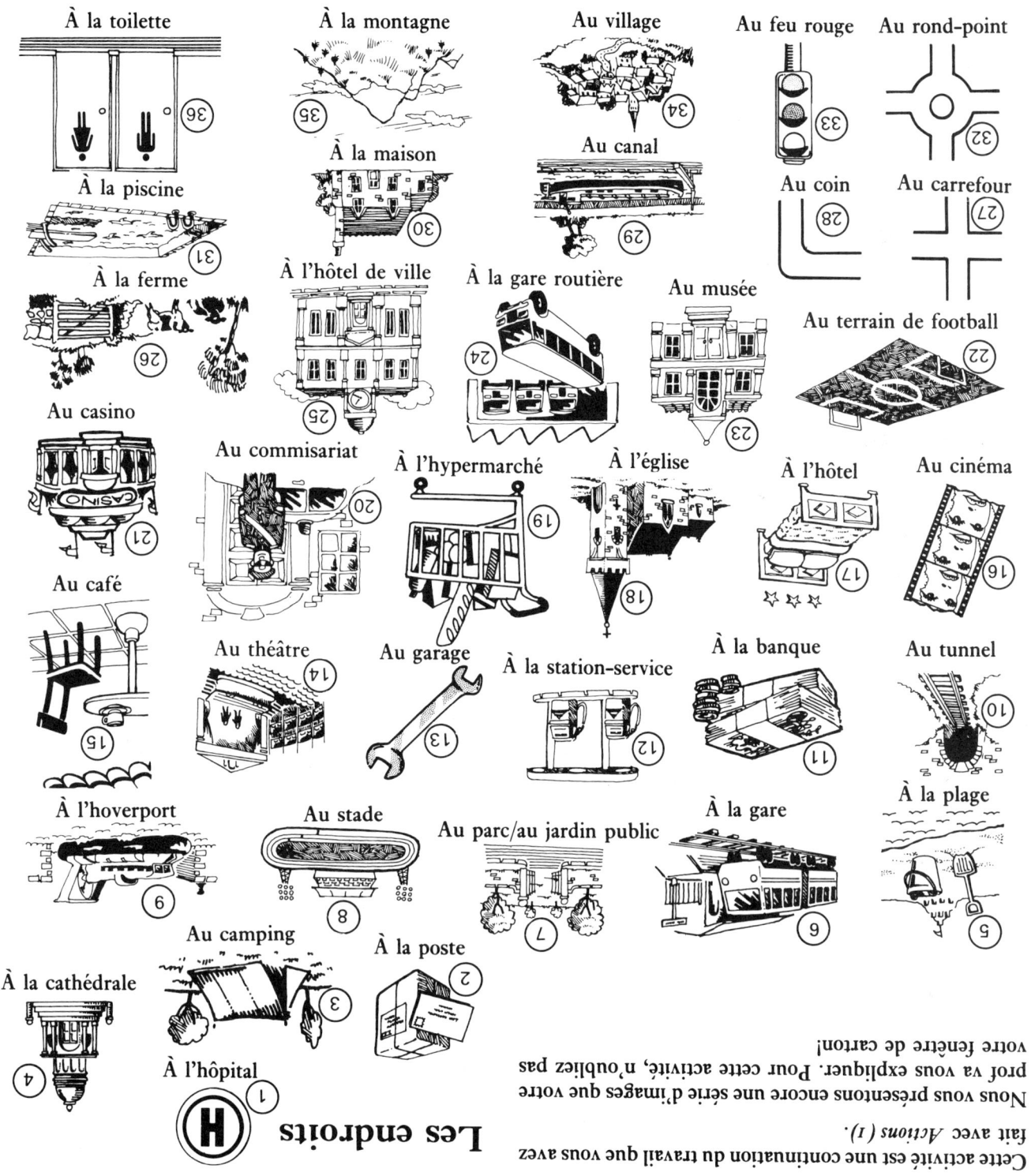

À la toilette 36

À la montagne 35

Au village 34

Au feu rouge 33

Au rond-point 32

À la maison 30

Au canal 29

Au coin 28

Au carrefour 27

À la piscine 31

À la ferme 26

À l'hôtel de ville 25

À la gare routière 24

Au musée 23

Au terrain de football 22

Au casino 21

Au commisariat 20

À l'hypermarché 19

À l'église 18

À l'hôtel 17

Au cinéma 16

Au café

Au théâtre 14

Au garage 13

À la station-service 12

À la banque 11

Au tunnel 10

15

À l'hoverport 6

Au stade 8

Au parc/au jardin public 7

À la gare 9

À la plage 5

Au camping 3

À la poste 2

À la cathédrale 4

À l'hôpital 1

Les endroits (H)

Nous vous présentons encore une série d'images que votre prof va vous expliquer. Pour cette activité, n'oubliez pas votre fenêtre de carton!

Cette activité est une continuation du travail que vous avez fait avec *Actions (1)*.

Unité 3 Actions (2)

dimanche

di

samedi   vendredi

sa   **ve**

jeudi   mercredi

je   **me**

mardi   lundi

ma   **lu**

Les jours de la semaine

En décembre   En novembre   En octobre   En septembre   En août   En juillet

En juin   En mai   En avril   En mars   En février   En janvier

Les mois

En hiver   En automne   En été   Au printemps

Les saisons

Il fait froid   Il dégèle   Il fait du vent   Il neige   Il fait du brouillard   Il fait chaud

Il y a un arc-en-ciel   Il gèle   Il fait beau   Il y a un éclair   Il pleut

Le temps

Au pont   Au château   Au lac   Dans le bois   À l'aéroport

Au marché   Dans la forêt   Au centre-ville   À la campagne   Au bord de la mer

À l'écoute

Écoutez bien les directives de votre prof et remplissez les tableaux:

Images 1–20

	Heure	Action	Endroit
a			
b			
c			
d			
e			
f			
g			
h			
i			
j			

Images 41–60

	Jour/mois/ saison/temps	Personne	Action	Endroit
a				
b				
c				
d				
e				
f				
g				
h				
i				
j				

Images 21–40

	Jour/mois/ saison/temps	Action	Endroit
a			
b			
c			
d			
e			
f			
g			
h			
i			
j			

Images 61–108

	Jour/ mois/ saison/ temps	Personne	Action	Degré	Endroit
a					
b					
c					
d					
e					
f					
g					
h					
i					
j					

Unité 4 *Sur le plan!*

Voici une autre activité qui exige pas mal d'énergie mentale! Changez la position de vos chaises selon les suggestions de votre prof et écoutez bien ce qu'elle/il dit.

Maintenant, vous savez plus ou moins ce qu'on va faire. Dans chaque paire, l'un de vous aura l'occasion de voir le plan complet (i). L'autre va dessiner un carré (ii):

(i)

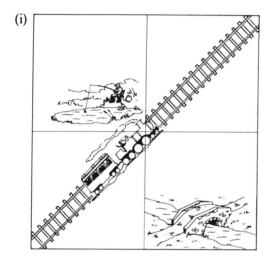

(ii)

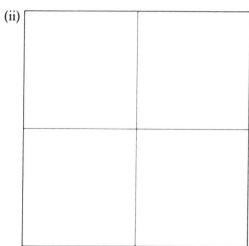

Quelle est votre tâche? Celle ou celui qui voit l'image représentant le plan complet va répondre aux questions de sa/son partenaire, dont la tâche est de dessiner le plan exact! Avant de participer au jeu, dessinez les symboles sur les pages suivantes dans votre cahier et étudiez la liste d'expressions en français. Pendant vos premiers essais, vous avez chacun le droit de consulter les pages de symboles et la liste d'expressions. Celle ou celui qui a la chance de regarder l'image ne doit pas oublier sa tâche d'aider sa/son partenaire avec l'activité, en répondant honnêtement et précisément aux questions posées!

Les symboles

Une croix

Une tour

Une cathédrale

Un étang   Un pêcheur

Une plage

Un hôtel

Un orage

Un chateau   Une voiture

Une rivière et un pont

Des montagnes

Une forêt

Une église

Un café

Une île

Un chemin de fer

Le soleil

Un bureau de poste

Une route/un chemin

Une statue

Une usine

Une maison

Un tunnel

Un bateau

Un wagon

Un train

Un camping

Un rond-point

Un tournant

Un parking

Un stade

Un carrefour

Un casino

Un sens interdit

Une gare routière

Un aéroglisseur

Un syndicat d'initiative

Un hôpital

Expressions de base

Qu'est-ce qu'il y a dans la case numéro un?	*What is in square number one?*
C'est en bas?	*Is it down the bottom?*
en haut?	*at the top?*
au milieu?	*in the middle?*
sur la ligne?	*on the line?*
à gauche?	*on the left?*
à droite?	*on the right?*
C'est tout?	*Is that all?*
Ça monte	*It goes up . . . .*
ou ça descend?	*or comes down?*
Verticalement?	*Vertically?*
Horizontalement?	*Horizontally?*
En diagonale?	*Diagonally?*
C'est la position exacte?	*Is that the exact position?*
Il y en a combien?	*How many are there?*
C'est plus/moins haut	*It's higher/lower.*
bas	*lower/higher.*
grand	*bigger/less big.*
petit.	*smaller/not so small.*
Tu as la mauvaise case!	*You've got the wrong square.*
Ça continue dans la case suivante	*It carries on into the next square.*

15

Unité 5 Chantons!

 Voici quelques chansons françaises que vous allez apprendre et chanter avec votre professeur. Amusez-vous bien!

Alouette!
Alouette, gentille Alouette,
Alouette, je te plumerai!
Je te plumerai la tête,
Je te plumerai la tête
Alouette! Alouette!
Oh, oh, oh, oh!

Alouette, gentille Alouette,
Alouette, je te plumerai!
Je te plumerai le bec,*
Je te plumerai le bec!
Et la tête, et la tête!
Alouette! Alouette!
Oh, oh, oh, oh! etc.

(* Chaque fois que vous recommencez, ajoutez encore une partie du corps: *cou, ailes, dos, genoux, pieds.*)

 N'oubliez pas les actions!

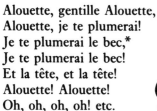

Chevaliers de la table ronde
Chevaliers de la table ronde,
Goûtons voir si le vin est bon!
Goûtons voir, oui, oui, oui,
Goûtons voir, non, non, non.
Goûtons voir si le vin est bon.

Plaisir d'amour
Plaisir d'amour
Ne dure qu'un moment.
Chagrin d'amour
Dure toute la vie.

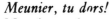

Meunier, tu dors!
Meunier tu dors, ton moulin va trop vite!
Meunier, tu dors, ton moulin va trop fort!
Ton moulin, ton moulin va trop vite!
Ton moulin, ton moulin, va trop fort!

Maintenant que vous connaissez les chansons, essayez ce petit questionnaire:

Première Année   Chansons 1–5

A. MULTIPLE-CHOICE. *Please write down the correct answers:*

1 *Attention, tu dors!* What is the driver's problem? He is . . . .
   a) sleeping,   b) going to hit a door,   c) driving too fast.
2 *Ta voiture va trop vite!* Someone is telling you that your car is . . .
   a) wrongly parked,   b) going too fast,   c) going very fast.
3 *Goûtons le vin!* The person is asking a friend to . . .
   a) Drink all the wine,   b) put back the wine,   c) taste the wine.
4 *Une chanson d'amitié* is a song of . . .
   a) times past,   b) friendship,   c) battle.
5 *Ça ne dure qu'un moment.* The doctor says that the pain will last . . .
   a) only a moment,   b) more than a moment,   c) many moments.
6 *Une chanson d'amour is* . . .
   a) a war-song,   b) a sea shanty,   c) a love-song.
7 *Avant de nous quitter, chantons!* We are to sing . . .
   a) as we leave each other,   b) after leaving each other,   c) before leaving each other.

B. ALOUETTE!
What kind of bird is 'une alouette'? Draw a picture of one and label all the parts
of the body which are written in the box. (I bet you can draw a better bird than
this one!)

le dos . . .	les ailes . . .	les genoux . . .
la tête . . .	le cou . . .	le bec . . .
les pattes . . .	la bouche	

C. See if you can explain to your partner what happens in this little story!

Un forestier regarde une alouette. C'est une gentille
alouette. Le forestier menace l'alouette.
Il dit « Je te plumerai! Je te plumerai la tête! »
« Non! Non! Non! » dit l'alouette, « Regardez—je vole
vite, comme un avion! Au revoir, monsieur le forestier ! »

Annonce urgente: Anyone interested in writing activities to go with songs, please see your teacher!

Unité 6 Histoires sonores

Vous êtes assis à votre aise? Tant mieux—vous allez entendre quelque chose de différent!

 Chaque fois que vous pratiquez cette activité avec votre prof, vous allez entendre une série d'effets sonores qui présente une histoire. Votre tâche est de raconter ou d'écrire (selon l'avis de votre prof) les événements principaux de l'histoire.

Écoutez bien la série pour la première fois, sans écrire et sans parler. Après, vous allez entendre les effets sonores une deuxième fois, un à un. Attendez les suggestions de votre prof avant de commencer.

Au secours!

Pour vous aider, il y a en bas une liste des mots-clé utilisés dans les séries d'effets sonores. Malheureusement, le vocabulaire est en ordre alphabétique!

Vocabulaire

un aéroglisseur	*hovercraft*	craquer	*to creak (stairs)*
un ascenseur	*lift*	démarrer	*to start up*
beurrer	*to butter*	une flamme	*flame*
un bistro(t)	*bar*	une flèche	*arrow*
une bouilloire	*kettle*	une fléchette	*dart*
bâiller	*to yawn*	un four	*oven*
un bruit	*sound, noise*	gémir	*to groan*
un cantique	*hymn*	un gémissement	*groan*
une chaîne	*chain*	grogner	*to grunt*
une cible	*target/dartboard*	une horloge	*clock (on building)*
claquer	*to slam*	un klaxon	*hooter, horn*
cliqueter	*to clink*	klaxonner	*to hoot, sound horn*
la course	*running*	un lave-vaisselle	*dishwasher*
la course automobile	*motor-racing*	se laver les dents	*to brush one's teeth*
un coup de fusil	*gunshot*	une machine à écrire	*typewriter*
chanter	*to crow (of cockerel)*	une machine à laver	*washing-machine*
une camionnette	*van*	un moteur	*engine*
une clochette	*bell*	une mouette	*(sea-) gull*
un coq	*cockerel*	une marche	*step (on staircase)*
un cri	*cry, shout*	des pas (m, pl.)	*steps*
croquer	*to crunch*	faire du patin à roulettes	*to roller-skate*

une pendule	*clock*	ronfler	*to snore*
le ping-pong	*table-tennis*	sonner	*to sound, ring, strike (clock)*
plonger	*to dive*	le tohu-bohu	*pandemonium*
la pluie	*rain*	tondre	*to shear (sheep)*
une porte d'entrée	*front-door*	une tondeuse	*lawn-mower*
un rasoir électrique	*electric razor*	des toasts (m, pl.)	*toast*
un réveil	*alarm-clock*	la vaisselle	*washing-up*

Unité 7 **Phrases-symboles**

Voici encore une activité qui va vous faire plaisir. Vous avez peut-être fait quelque chose de semblable en anglais. Qu'est-ce que c'est qu'une *phrase-symboles*?

Il est possible d'écrire des phrases qui sont simplement des séries d'images. Une telle phrase est une phrase-symboles. Par exemple:

(je   vais   au   camping   en   vacances)

Aux pages suivantes vous allez rencontrer une grande série de symboles qui va vous permettre d'écrire énormément de phrases en images.

 Copiez les symboles dans votre cahier peu à peu et inventez de nouveaux symboles pour les choses que vous ne trouvez pas là.

S'il est difficile de trouver une image pour représenter un verbe, vous pouvez mettre la première lettre du mot. Par exemple:

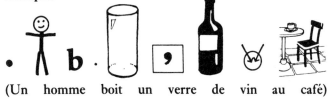

(Un   homme   boit   un   verre   de   vin   au   café)

Section de pratique

Écoutez bien votre prof, qui va vous répéter des phrases.

Essayez de dessiner chaque phrase.

Pour en avoir l'habitude, essayez de faire des phrases-symboles pour:

1 Je vais au match en auto.
2 Il pleut dans la montagne.
3 Quand il fait chaud, je porte un short.
4 Un avion vole au-dessus de la ville.
5 Une fillette achète un timbre à la poste.

Travail à deux

Trouvez un(e) partenaire. Décidez qui va être **A**, qui va être **B**. Trouvez votre bloc-notes. Fermez ce livre après avoir lu les directives suivantes.

Vous avez devant vous les *phrases-symboles* que vous avez faites avec votre prof. **A** regarde les trois premières phrases, **B** retourne son cahier (classeur).

A répète chaque phrase trois fois, morceau par morceau.

B dessine les phrases-symboles qu'elle(il) entend.

A les corrige.

Vous changez de rôles. Cette fois-ci c'est **B** qui répète et **A** qui dessine. **B** fait le corrigé, aussi.

Les symboles

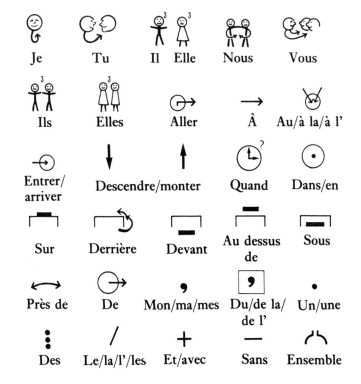

Il fait du soleil/ chaud

Il pleut

Il gèle

Il y a un éclair

Il fait du vent

Il fait du brouillard

Il neige

Il y a des nuages

Mer

Lac

Rivière

Bois/forêt

Montagne

Vallée

Campagne

Camping

Ville

Maison

Château

Cimetière

Église

Hôpital

Médecin

Café

Supermarché

Cinéma

École

Hôtel

Match

Poste

Auto/voiture

Train

Avion

Taxi

Vélo/bicyclette

Pied

Aéroglisseur

Bateau

Hélicoptère

Autobus

Moto

Tramway

Métro

Camion

Fusée

Yacht

Cheval

Nage

Café

Thé

Bière

Vin

Chocolat

Pot

Fromage

Gâteau

Glace

Pomme

Poire

Prune

Homme

Femme

Fillette

Garçon

Chien

Chat

Professeur

Spectre

Agent

Curé

Unité 8 Mirages!

Voici une activité qui demande pas mal de concentration. Changez la position de vos chaises selon les suggestions de votre prof et écoutez bien ce qu'elle/il dit.

Alors, votre prof vous a expliqué les éléments du jeu. Dans l'image l'un(e) de vous va voir deux explorateurs «intrépides» en plein Sahara. Ils sont très faibles, n'ont rien à boire et ont tendance à voir des mirages. Quelle est votre tâche?

Celle ou celui qui voit l'image représentant le mirage vu par les explorateurs (nommés Claude et Claudine) va répondre aux questions de sa/son partenaire, dont la tâche est de deviner la nature exacte due mirage!

Pendant vos premiers essais, vous avez chacun le droit de consulter la liste d'expressions en français en bas. Celle ou celui qui a la chance de regarder le mirage ne doit pas oublier sa tâche—d'aider sa/son partenaire avec l'activité en répondant honnêtement et précisément aux questions posées!

Expressions de base

C'est animal, végétal, ou minéral?	*Is it animal, vegetable or mineral?*
C'est un animal?	*Is it an animal?*
C'est un animal domestique?	*Is it a tame animal?*
C'est un animal sauvage?	*Is it a wild animal?*
C'est un mâle ou une femelle?	*Is it male or female?*
Est-ce que cette personne/cet animal travaille/se repose/s'amuse?	*Is this person/animal working/resting/enjoying him(her, it)self?*
Cette personne fait son métier?	*Is this person doing his/her job?*
C'est à l'intérieur ou à l'extérieur?	*Is it inside or outside?*
C'est dans un bâtiment/un lieu public?	*Is it in a building/a public place?*

C'est quelque chose à manger?	*Is it something to eat?*
C'est un objet?	*Is it an object?*
On est en plein air?	*Are we in the open air?*
C'est quelque chose de très familier?	*Is it something very familiar?*
On l'utilise dans la fabrication d'un produit?	*Do we use it to make a product?*
On est à l'étranger?	*Are we abroad?*
Est-ce que je connais l'endroit?	*Do I know the place?*
C'est une émission de radio (télévision)?	*Is it a radio (television) programme?*
C'est quelque chose de personnel?	*Is it something personal?*

C'est une blague!	*It's a joke!*
C'est quelque chose de drôle/sérieux.	*It's something funny/serious.*
Ça a à voir avec . . .	*It's got to do with . . .*
C'est typique de M/Mlle . . .	*It's typical of Mr/Miss . . .*
Tu ne vas pas le deviner.	*You're not going to guess.*
C'est très facile/dur!	*It's very easy/hard!*
Ça saute aux yeux!	*It's obvious!*
N'oublie pas . . .	*Don't forget . . .*
Pense à la couleur.	*Think of the colour.*
C'est trop compliqué!	*That's too complicated!*
C'est plus facile que ça!	*It's easier than that!*

Vos propres phrases supplémentaires

Expressions supplémentaires

Tu brûles!	*You're boiling (i.e. very close)*
Ne triche pas!	*Don't cheat!*
Tu n'as pas compris!	*You haven't understood!*
C'est moins/plus grand.	*It's less big/smaller.*
Ce n'est pas comme ça.	*It's not like that.*
Tu l'as!	*You've got it!*
C'est exact!	*That's exactly right!*
Ne regarde pas l'écran/le papier!	*Don't look at the screen/paper!*
C'est quelque chose que tu connais bien!	*It's something you know well!*

Unité 9 Vol en plein jour!

 Vous êtes témoin d'un vol. Votre tâche est de préparer un constat de l'incident et de faire un signalement (=une description) du malfaiteur/de la malfaitrice. Il faut écrire des phrases complètes et vous pouvez utiliser comme base les questions ci-dessous.

Ci-dessous, vous trouverez aussi une liste de vocabulaire pour vous aider.

Vous allez travailler en groupes. Avant de commencer, choisissez un(e) secrétaire pour écrire les résultats de votre discussion.

Questions de base

Comment est-ce que la personne est entrée dans la pièce?
Quelle impression a-t-elle créée?
Cette personne est arrivée à quelle heure?
Sa 'visite' a duré combien de temps?
Qu'est-ce qui est arrivé pendant la visite?
Est-ce que vous avez reconnu la voix de la personne?
Sa démarche avait-elle quelque chose de familier?
Est-ce que vous reconnaîtriez cette femme ou cet homme dans la rue? Pourquoi?
Était elle/il bizarre ou 'différent' en quelque sorte? Si oui, comment?

Vocabulaire

La description physique de l'individu

gros(se)	*fat, round*
joufflu	*chubby*
maigre	*skinny*
mince	*slim*
svelte	*slender*
gras(se)	*fat*
corpulent	*stout*
trapu	*squat, thick-set*
costaud	*strong, sturdy*
dégingandé	*lanky, gangling*
boiteux(-euse)	*limping*

chauve	*bald*
moustachu	*with a moustache*
maladroit	*awkward, clumsy*
laid	*ugly*
beau (belle)	*good-looking, beautiful*
attrayant	*attractive*
circonspect	*cautious*
irréfléchi	*thoughtless*
borne	*dull(-witted), thick*
vif(ve)	*sprightly*
souriant	*smiling*
riant ⎫ rieur ⎭	*laughing*
animé	*excited, lively*
calme	*cool, calm*
débordé	*bubbly, bubbling over*
impulsif (ve)	*impulsive*
impétueux	*impetuous*
pressé	*in a hurry*

emporté	*hot-headed*
bienveillant	*good-natured*
malveillant	*evil-natured*
méchant	*nasty, evil*
malin(gne)	*spiteful, shrewd, cunning, sly*
mesquin	*mean, shabby*
moqueur	*mocking*
vilain	*nasty, unpleasant*
fou (folle)	*mad, crazy*
loufoque	*crazy, barmy*
farfelu	*scatty, hair-brained*
lourd	*heavy*
gracieux	*graceful*
vermeil(le)	*ruddy*
pâle	*pale*
blême	*wan, deathly pale*
tête nue	*bare-headed*
pieds nus	*barefoot*
les cheveux bruns	*brown hair*
marron	*brown hair*
blonds	*fair hair*
roux	*red hair*
les yeux bleus	*blue eyes*
gris	*grey eyes*
verts	*green eyes*
bleu clair	*light blue*
vert foncé	*dark green*
barbu	*bearded*
imberbe	*without a beard*
ridé	*wrinkled*
bouclé	*curly*
épais	*thick*
crépu	*frizzy*

Le caractère de l'individu

brave	*nice, decent*
gentil	*nice, kind*
sensible	*sensitive*
sensé	*sensible*
sympa(thique)	*nice, friendly*
insouciant	*happy-go-lucky*
rayonnant	*beaming*

ravissant	*delightful*
ravi	*delighted*
stupéfait	*dumbfounded*
enthousiaste	*enthusiastic*
ému	*excited*
non ému	*unruffled*
gêné	*embarassed*
gênant	*embarassing*
timide	*shy*
courageux	*brave*
lâche	*cowardly*
égoïste	*selfish*
haineux	*full of hate*
rancunier	*resentful*
peureux } craintif }	*fearful*
mécontent	*displeased*
soucieux } ennuyé } inquiet }	*anxious, worried*
détendu } décontracté }	*relaxed*
indigne }	*indignant*
déconcerté	*nonplussed*
perplexe	*perplexed*
grognon } renfrogné }	*grumpy*
triste	*sad*
agréable	*pleasant*
désagréable	*unpleasant*
ennuyeux	*boring*
désolé	*sorry*
mélancolique	*gloomy*
(mal)heureux	*(un)fortunate, (un)happy*
malade	*sick, ill*
sain	*healthy*
sans cœur	*heartless*
insensible	*callous*
misérable	*wretched*
abattu	*downcast*
affligé	*sorrowful*
en pleurs	*tearful, in tears*
déchirant	*heart-rending*

Unité 10 Cinéma-Test

Si vous connaissez la série de télévision, *Screen Test*, vous connaissez cette activité déjà.

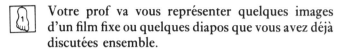 Votre prof va vous représenter quelques images d'un film fixe ou quelques diapos que vous avez déjà discutées ensemble.

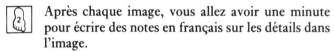 Après chaque image, vous allez avoir une minute pour écrire des notes en français sur les détails dans l'image.

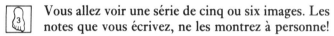 Vous allez voir une série de cinq ou six images. Les notes que vous écrivez, ne les montrez à personne!

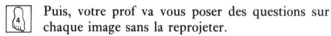 Puis, votre prof va vous poser des questions sur chaque image sans la reprojeter.

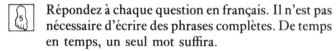 Répondez à chaque question en français. Il n'est pas nécessaire d'écrire des phrases complètes. De temps en temps, un seul mot suffira.

Il faut faire attention! Nous les profs, nous aussi, nous aimons tricher! Il y aura de temps à autre une question tricheuse, quand votre prof demandera un détail qui n'existe pas dans l'image. N'ayez pas confiance en votre prof!

Voici une petite liste des sortes de choses auxquelles il faut faire attention dans les images:

Combien de personnes?
Quel temps?
Les vêtements qu'on porte.
La couleur de quelque chose.
La position – à gauche/à droite, etc.?
Quelle heure?
En quelle saison?
Combien de . . . ?
Qu'est-ce qu'on fait?
Qu'est-ce qui manque?
La description d'une personne.

Bonne chance!

Unité 11 Aux rouleaux! (1)

Les rouleaux en carton que vous avez à la maison (papier W.C., papier de cuisine, papier d'aluminium) peuvent être utilisés pour créer des machines pour vous aider avec votre français et pour s'amuser! Les rouleaux de cuisine sont les meilleurs parce que leur taille n'est ni trop petite ni trop grande.

Comment utilise-t-on ces rouleaux? On peut faire toutes sortes de jeux linguistiques avec eux.

La fabrication d'une machine-rouleau

Chaque machine a des sections roulantes qu'on peut changer quand on veut. Par exemple:

L'illustration vous montre que ce n'est pas le rouleau, lui-même, qui change de position, mais une ou plus des sections de carton qu'on a mises dessus. Alors, votre prèmiere décision est:

 Combien de sections ma machine va-t-elle avoir? Commençons par un rouleau facile; *la machine des temps* (pages 29) a seulement deux sections. Pour cette machine alors, vous pouvez utiliser un très petit rouleau.

La prochaine chose importante est de couper deux morceaux de carton qui sont un petit peu plus grands que la circonférence du rouleau.

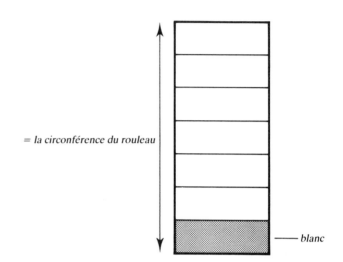 Chaque morceau va contenir six images. Vous le diviser donc en six sections égales, laissant un bout blanc. Voilà!:

= la circonférence du rouleau

blanc

Quand vous aurez fini de dessiner les images, vous collez le carton au rouleau avec le bout blanc à l'intérieur. Vous faîtes la même chose avec le deuxième morceau.

Maintenant vos deux nouveaux rouleaux de carton glissent sur le rouleau de base et vous avez votre machine!

⚠️ Une chose essentielle qu' il ne faut pas oublier! Quand vous mesurez les deux morceaux pour faire les nouveaux rouleaux, laissez un peu de place aux bords du rouleau de base:

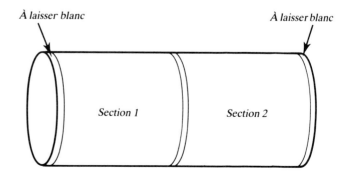

À laisser blanc   À laisser blanc

Section 1   Section 2

parce qu'il faut marquer deux points indicateurs pour montrer les sections qu'on utilise:

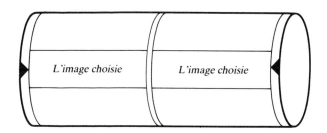

Maintenant, *aux rouleaux*! Pour chaque *machine parlante*, nous vous donnons tout d'abord les images pour vous montrer comment fabriquer le rouleau. Puis, il y a les renseignements pour l'utiliser.

1. Quel temps fait-il?

Nous avons désigné une machine avec six images par petit rouleau. Si vous avez assez de place, vous pouvez y dessiner huit *temps* et huit *endroits*. Vous pouvez ajouter par exemple:

il fait orageux	en mer
il fait froid	sur le lac
il fait du soleil	dans le centre-ville
il y a des nuages	dans la forêt
il grêle	dans la vallée

Conversation à deux

1. Trouvez un(e) partenaire.

2. Décidez qui va être **A** et qui va être **B**.

3. **B** pose la question *Quel temps fait-il ?*, après avoir choisi un temps et un endroit, en roulant les deux rouleaux.

4. **A** répond avec le temps et l'endroit corrects.

5. **A** et **B** changent de rôles. **A** fait Pas-3, et **B** fait Pas-4.

6. Après chaque question et réponse, vous changez de rôles.

 Si vous voulez, vous pouvez marquer des points dans votre bloc-notes. Donnez deux points par réponse, un point pour le temps, l'autre pour l'endroit. Mais, n'oubliez pas les *points de pénaltie*!
Bonne chance!

Tâche écrite

 Écrivez huit phrases, chacune contenant un temps et un endroit. Faites-le *sans regarder* le français correct.

Construisez encore huit phrases de la même façon, mais, cette fois-ci, utilisez une saison/un mois/un jour de la semaine (regardez la page 11) pour compléter la phrase. Par exemple:

Il fait du brouillard sur l'autoroute en novembre.
Il pleut en ville le samedi.

Si vous connaissez déjà le passé et le futur en français, construisez ces phrases dans un temps que votre prof va suggérer.

2.   Qu'est-ce qu'on porte?

Suivez les mêmes pas que dans le premier jeu. La question à poser est:

Qu'est-ce que tu portes le weekend?

Encore une fois, c'est la personne qui pose la question qui tourne les rouleaux. Sa/son partenaire répond:

Je porte + vêtement + couleur.

Entraînement supplémentaire

Il y a beaucoup plus de huit vêtements! Faites un deuxième rouleau contenant quelques-uns des vêtements dans cette liste:

masc.	fém.
chapeau	casquette
complet	des bottes
costume	veste
veston	culotte
tricot	écharpe
manteau	
imperméable	
papillon	
gilet	
foulard	
anorak	
pardessus	

Maintenant, continuez le jeu avec ce nouveau rouleau.

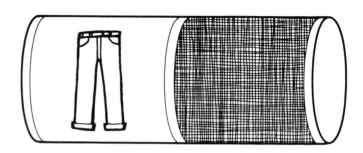

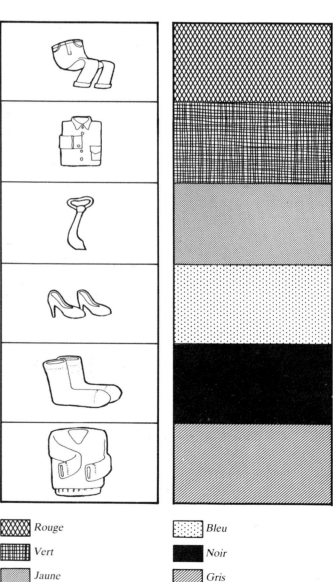

⌗ Rouge	⦙ Bleu
☰ Vert	■ Noir
⠿ Jaune	⫽ Gris

Tâche écrite

1 Je vous présente deux jeunes gens Gisèle et Patrick. Inventez huit phrases écrites, contenant chacune la description d'un vêtement qu'elle (il) porte.

2 Construisez encore huit phrases de la même façon, mais, cette fois-ci, utilisez d'autres personnes comme *je/tu/nous, etc* plus une saison/un mois/un jour de la semaine (regardez page 11). Par example:

Je porte des bottes jaunes en hiver.

3 Si vous connaissez déjà le passé et le futur en français, construisez ces phrases dans un temps que votre prof va suggérer.

3. C'est à qui?

Voilà une nouvelle machine-à-paroles, *C'est à qui?* Fabriquez-la et travaillez avec elle, selon les suggestions de votre prof. Amusez-vous bien!

(Il y a d'autres rouleaux dans une autre Unité à la page 43.)

MON	MA	MES	
TON	TA	TES	
SON	SA	SES	
NOTRE	NOTRE	NOS	
VOTRE	VOTRE	VOS	
LEUR	LEUR	LEURS	

Unité 12 Une vue confuse!

Voici une occasion de remporter la victoire contre votre prof – si vous avez la bonne vue! Votre prof va vous présenter des images de rétro-projecteur. Malheureusement vous allez trouver ces images très difficiles à reconnaître, comme en temps de brouillard!

Votre tâche est de deviner la nature exacte de l'image projetée sur l'écran. Vous devez poser des questions en français, selon les directives de votre prof.

Elle/il va possiblement suggérer une limite aux questions que vous pouvez poser, ou, alternativement, une limite de temps. Vous avez à battre votre prof avant la fin des questions ou du temps.

Rappel!

Attaquez le problème d'une façon logique!

Unité 13 Pièce (de théâtre) à louer!

Si vous êtes nerveux, ceci n'est pas une activité pour vous!
Surtout, si vous n'aimez pas le noir!

 Qu'est-ce qu'on va faire? Vous avez une série d'effets sonores à votre disposition. Vous allez utilisez ces effets pour écrire une pièce de théâtre.

Les effets sonores

De la pluie battante . . . une tempête furieuse . . . une vieille sonnette . . . des pas creux . . . une porte qui grince . . . la porte claque . . . on mange bruyamment . . . on verse du vin . . . on avale le vin à grandes gorgées . . . un quatuor à cordes . . . un horloge qui sonne treize . . . un cliquetis de chaînes . . . un grincement à l'escalier . . . une voix gémissante . . . des pas très lourds . . . une porte qui s'ouvre en claquant . . . encore de gémissements et de claquements . . . un coup de revolver . . . un cri perçant . . . un bruit de verres qu'on trinque . . . le quatuor recommence à jouer . . . un rire spectral.

Vous pouvez omettre certains effets, si vous voulez. Voilà une pièce comme exemple. Vous pouvez certainement faire quelque chose de meilleur!

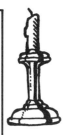

Pour l'amour de l'argent!

Histoire d'épouvante
en un acte

Si vous êtes d'une disposition nerveuse,
ne pénétrez pas dans la salle!

Personnages

Baron Riche	le propriétaire du château
Françoise Fauchée	sa nièce
Charles Charlatan	un homme d'affaires
Boris Bourgeois	maire de la commune
Bérénice Bourgeois	sa femme
Georges Simonet	auteur de romans policiers
Thérèse Torchon	une boniche
Le Maître d'hôtel	

La direction n'accepte aucune responsabilité pour toute maladie se manifestant au cours de la séance.

L'histoire se déroule dans la salle à manger d'un vieux château. Il fait un temps atroce et on dîne.

(De la pluie battante)

Baron Riche Quel sale temps! Je n' aime pas ça!

Françoise Moi, non plus, mon oncle.

Charles Ce n'est pas un temps pour être en mer!

Boris Ça me rappelle un jour quand j'étais dans la marine…

Bérénice Tais-toi, Boris. Monsieur le Baron a été dans l'armée!

Boris Oh, pardon! J'aurais voulu être soldat, mais…

(Pluie battante et tempête furieuse)

Georges Écoutez-moi ça! Le diable est à cheval ce soir!

Françoise Ne dites pas ça — mon oncle a eu des crises de cœur!

Boris J'ai un ami qui est un bon médecin. Il s'ap…

Baron Assez! Je suis très solide, moi! *(Il commence à tousser violemment)*

Françoise Mon pauvre oncle! Silence, tout le monde. Vous savez bien que mon oncle a des difficultés avec son cœur.

(Une vieille sonnette)

Baron On sonne! Va ouvrir maître!

Maître Je refuse — ce n'est pas mon métier! Ça, c'est pour la boniche.

Thérèse La boniche! La boniche! La boniche! Toujours la boniche. J'en ai assez!

Baron Allez! Allez!

Françoise Calme-toi, mon oncle. Elle est très méchante, cette bonne!

Bérénice La nôtre est très gentille. L'agence immobilière l'a recommandée. Voulez-vous que…

Thérèse OK! OK! OK! Ce n'est pas la peine! J'y vais!

(Des pas creux…une porte qui grince)

Baron Eh bien, c'était qui?

Thérèse Personne. Il n'y avait personne là.

Georges Personne? Dites donc! Cherchez le revenant!

Baron *(nerveux)* Revenant? Revenant? Il n'y a pas de revenant ici. Nous avons été une famille très comme il faut.

(Une porte qui grince)

Françoise Écoute ça, mon oncle. Il y a quelque chose qui ne va pas ici.

Charles C'est seulement le vent…la tempête…des courants d'air et tout ça.

Georges Peut-être. Quel jour sommes-nous?

Thérèse Nous sommes vendredi. Aujourd'hui, il faut me payer. Mais je n'ai rien reçu! J'en ai marre de cette famille!

Georges Oui, vendredi, vendredi treize.

Baron *(angoissé)* Vendredi treize!

Françoise Calme-toi, mon oncle. Tu auras une crise!

Boris S'il a une crise, je connais un bon chirurgien — très bon marché!

Boris Taisez-vous, tout le monde! Je ne vais pas avoir de crise.

Bérénice Le pauvre baron, il souffre.

Georges Changeons de sujet.

(On mange bruyamment)

Boris C'est superbe ça, beaucoup mieux que le restaurant à la Co-op!

Charles Moi, je dîne chez Maxim, normalement.

Baron Maître, encore du vin.

Françoise Mon oncle, avec ton cœur, faut-il peut-être laisser le vin?

Baron Mon cœur! Tu recommences. Je suis très solide moi!

Thérèse Oui, solide comme un cercueil!

(On verse du vin…on avale le vin à grandes gorgées)

Baron Un peu de musique, maître.

Maître Ce n'est pas mon métier! Boniche, dites au quatuor de commencer!

Thérèse Je veux mes gages avant! Baron, je veux mes gages!

Baron Taisez-vous. J'en ai assez de toutes ces histoires.

Thérèse Il me vouvoie maintenant! Je fais tout pour lui et il me vouvoie.

Boris Messieurs les musiciens, un peu de musique, s'il vous plaît.

Bérénice Boris, il y a une dame avec les hommes!

Boris Oh, pardon. Messieurs, dame, un peu de musique, s'il vous plaît.

(Un quatuor à cordes)

Bérénice Ils ont un groupe comme ça au Monoprix.

Georges Écoutez, les amis!

(Un horloge qui sonne treize)

Charles Treize heures! C'est impossible!

Georges Non, ce n'est pas impossible. C'est l'heure des sorcières.

Baron Ça commence à me faire mal. Thérèse, va me chercher mes pillules.

Thérèse Vous voyez, ça recommence! Fais ceci, fais cela! Je ne suis qu'une boniche!

Maître Thérèse, ne fais pas d'histoires. Moi, je vais les chercher. Monsieur le baron ne va pas bien.

Baron Si! Ce n'est rien. *(Le Maître d'hôtel sort)*

Françoise Calme-toi, mon oncle. Tu vas avoir une crise cardiaque!

(Un cliquetis de chaînes...un grincement à l'escalier)

Boris Ce n'est pas comme ça chez nous!

Bérénice Cette maison est hantée. Il faut être des gens de qualité pour être hantés!

Georges On ne peut pas acheter ça au Monoprix!

(Une voix gémissante)

Charles Il y a certainement un revenant de l'autre côté de cette porte!

Baron Vous...vous...vous...crrr...croyez?

Thérèse C'est indisputable!

(Des pas très lourds)

Françoise Écoutez, il s'approche de nous!

Baron Maître! Maître! Où est le maître? Apportez-moi mon revolver!

(Une porte qui s'ouvre en claquant...encore de gémissements et de claquements)

Bérénice La porte s'ouvre et quelqu'un entre!

Georges Quelque chose, plutôt!

Baron Où est mon revolver! Apportez mon revolver!

(Un revenant entre)

Françoise Ne t'en fais pas, mon oncle. J'ai un petit pistolet.

Le revenant menace le groupe. Le baron fait comme si son cœur lui fait beaucoup de mal)

Françoise Revenant, arrêtez-vous, ou je tire!

(Elle braque le pistolet sur le revenant qui continue de s'avancer vers le baron)

Bérénice Il ne s'arrête pas! Il ne s'arrête pas!

Georges C'est comme ça chez l'aristocratie.

(Le baron se lève et chancèle)

Baron Aïe! Aïe! Je meurs! C'est mon cœur! Aidez-moi, je meurs!

(Un coup de revolver, tiré par Françoise)

(Le revenant continue de s'avancer)

Thérèse Il continue! Il continue! *(Un cri perçant)*

Baron Aïe! *(Il tombe, mort)*

(Le revenant ôte son drap. C'est le maître d'hôtel)

(Tout le monde rit et se serre la main. La maître d'hôtel apporte du champagne)

Françoise Félicitations à tout le monde! Mon oncle est mort et j'ai son argent, grâce à vous. Vous serez bien payés! Trinquons! *(Tout le monde trinque et boit son vin)*

Georges Et maintenant, maestro, un peu de musique. Françoise et moi allons nous marier! *(Le quatuor recommence à jouer)*

Maître Et maintenant, le seul revenant dans ce château est le pauvre baron!

(Un rire spectral remplit la salle. Tout le monde se regarde, étonné)

(Rideau)

Fin

Unité 14 Charades!

Vous connaissez sans doute ce jeu en anglais. Maintenant, vous allez avoir l'occasion d'y jouer en français! Si vous ne connaissez pas *Charades!*, vous connaissez peut-être quelque chose de très populaire à la télévision qui s'appelle *Give Us A Clue!* C'est le même jeu. *Charades!* est un jeu de mime où une personne mime le titre d'un film, d'un livre, d'une émission de télévision, etc. Les membres de son équipe doivent deviner le titre exact. C'est très amusant! Il y a beaucoup de dynamisme et d'énergie mentale!

Formez un groupe de 4 ou 6 personnes, selon les directives de votre prof. Choisissez deux équipes de 2 ou 3 personnes. Appelez les deux équipes A et B. Votre prof va vous dire qui va commencer.

La personne qui commence prend la première carte du tas se trouvant sur la table/le pupitre, lit ce qui est écrit sur cette carte, et la remet sous le tas. Personne d'autre ne doit voir le contenu de la carte. Maintenant, le mime commence.

Vous mimez ce qui est écrit sur la carte et les membres de *votre* équipe sont obligés de poser des questions en français pour deviner exactement ce qu'il y a sur la carte. L'autre équipe attend son tour et s'assure que personne ne triche!

Quelles sortes de mimes est-ce qu'on peut faire et quelles sont les questions à poser. Voilà la règle du jeu pour vous aider:

La règle du jeu

Ici vous trouvez la règle pour les mimes et les réponses pour les personnes qui devinent.

Sujet	Mime	Questions et réponses
		C'est à la télévision? C'est un programme ou une émission à la télé?
		C'est un film? C'est au cinéma?
		C'est au théâtre? C'est une pièce de théâtre? C'est une comédie/tragédie/ pièce sérieuse pièce policière comédie musicale?
		C'est (le titre d') un livre? C'est une histoire? C'est le titre d'un livre?
		C'est une célébrité? C'est un homme ou une femme? Est-ce que c'est un garçon ou une fille? De quelle nationalité est cette personne? Cette personne est morte ou vivante?
		Est-ce que c'est une chanson? Est-ce un disque? Est-ce dans le hit-parade?
		Est-ce un groupe? Est-ce un chanteur/une chanteuse pop? Est-ce un musicien/une musicienne?

Questions générales	Réponses mimées
Il y a combien de mots?	
Combien de syllabes y a-t-il dans le premier mot?	
C'est l'article défini!	
Alors, c'est l'article indéfini?	

Autres questions et demandes

Donne- nous une clé au premier mot!
Est-ce que c'est un être humain/un objet/un animal/une idée abstraite?
Dans quel domaine est-ce que ceci a lieu?

Unité 15 Qui suis-je?

Cette activité est un jeu de soirée qui était une fois très populaire chez les milords et leurs dames! Il va certainement vous faire rire!

 Pour ce jeu vous pouvez travailler en paires ou en groupes, selon la préférence de votre prof.

 Quel est le but de *Qui suis-je?* C'est très simple! On attache un peu de carton au dos de la personne qui est *de service*. Sur le carton il y a le nom d'une personnalité française (morte ou vivante). La personne de service doit poser toutes sortes de questions pour deviner son identité. Naturellement, on ne peut pas demander *Qui suis-je?*, mais il y a toute une gamme d'autres questions (et réponses) écrites ci-dessous.

Ce jeu vous fournit l'occasion de faire un peu de comédie, puisque la personnalité peut être n'importe qui de n'importe quel siècle. Pour vous aider, nous avons préparé une petite série de vignettes de personnalités françaises. Voici un exercice d'application:

Un garçon dans votre groupe est de service. On attache à son dos un peu de carton qui dit: *Esmeralda*. Le garçon ne doit absolument pas voir le carton. Maintenant la conversation commence:

A: Je suis un homme ou une femme?
B: Une femme, assurément!
A: Pourquoi 'assurément'?
C: Parce que tu es très belle!
A: C'est vrai! De quel siècle suis-je?
D: Du quinzième, je crois.
A: Ça alors! Est-ce que je suis une personne historique?
E: Pas exactement.
A: Que veut dire 'pas exactement'?
E: Alors, oui et non.
A: Comment 'oui et non'? Est-ce que je me trouve dans un livre?
F: C'est ça!
A: Alors, je suis belle, j'ai cinq cent ans et je suis dans un livre. Est-ce que je suis mariée?
B: Non, pas du tout.
A: Est-ce que j'ai un petit ami?
B: Tu as un ami, mais il n'est pas petit!
A: Comment s'appelle-t-il?
C: Son nom est Quasimodo.
A: Alors, c'est facile! Je suis Esmeralda.

D: Tu l'as!
E: À la bonne heure!

Au début votre conversation ne sera pas aussi naturelle que l'exemple, mais ça viendra avec un peu de pratique!

Nous vous avons donné relativement peu de vignettes. C'est à vous de faire une liste des personnalités que vous pouvez utiliser pour le jeu et de préparer des renseignements sur chacune. Voici quelques suggestions pour d'autres personnalités:

Clovis; Charlemagne; Saint Denis; Colbert; D'Artagnan; Richelieu; Danton; Robespierre; La Pompadour; Sarah Bernhardt; Colette; Dreyfus; Emma Bovary; Simone de Beauvoir; Yannick Noah; Nathalie Baye; Astérix.

Pour vous aider davantage voilà une liste d'expressions utiles:

Questions

J'ai quel âge?	*How old am I?*
Je suis de quelle nationalité?	*What nationality am I?*
De quel siècle suis-je?	*From what century am I?*
Quel pays est-ce que j'habite?	*What country do I live in?*
Je suis actif ve dans quel domaine?	*What field am I active in?*
Qu'est-ce que je fais comme métier?	*What do I do for a living?*
Comment suis-je?	*What am I like?*
Est-ce que je suis célèbre ou notoire?	*Am I famous or notorious?*
Sois plus précis(e)!	*Be more precise!*
Ça, c'est toute la vérité?	*Is that all the truth?*
Ai-je eu une vie paisible?	*Have I had a peaceful life?*
Parle-t-on de moi en ce moment?	*Are they talking about me at the moment?*
Ai-je fait quelque chose récemment?	*Have I done something recently?*
Tu mens!	*You're fibbing!*
Tu triches!	*You're cheating!*
Ai-je fait quelque chose de bien (méchant)?	*Have I done something good (nasty)?*

Réponses

Tu es/Vous êtes de l'époque actuelle.	*You belong to the present time.*
Tu figures dans le domaine . . .	*You figure in the field . . . .*
de la politique	*of politics*
de la guerre	*of war*
des arts	*of the arts*
des affaires	*of business*
du sport	*of sport*
Tu travailles comme . . .	*You work as . . .*
Ça dépend de son point de vue	*That depends on one's point of view*
Ce n'est pas tout à fait ça!	*It's not exactly that!*
Tu brûles!	*You're getting very warm!*
C'est à toi de demander!	*It's up to you to ask!*
Tout le monde parle de toi!	*Everyone's talking about you!*
Au contraire, c'est toi qui triches!	*On the contrary, you're doing the cheating!*

Vos expressions supplémentaires

Vignettes

1. Esmeralda

C'est un personnage inventé par l'auteur Victor Hugo pour son roman *Notre Dame de Paris*.

Esmeralda était une gitane au quinzième siècle, qui travaillait près de la cathédrale de Notre Dame.

On l'avait accusée d'un crime dont elle était innocente et on allait l'exécuter sur le parvis devant la cathédrale. Quasimodo, le bedeau bossu, adorait Esmeralda non seulement à cause de sa beauté, mais pour sa gentillesse envers lui.

Quasimodo est sorti de la cathédrale, a sauvé Esmeralda, et l'a gardée dans la tour de la cathédrale.

Quelques autres détails personnels
- Esmeralda avait les cheveux et les yeux noirs.
- Elle était de taille moyenne et très mince.
- Elle avait un caractère doux, mais assez décidé.
- C'était une danseuse extraordinaire.

2. Marie-Antoinette

Elle était Autrichienne et la femme du roi Louis XVI.

Le peuple français ne l'aimait pas et l'appelait *l'Autrichienne* pour montrer qu'elle était étrangère.

Elle se croyait très raffinée, était très snob, et détestait le peuple.

C'est elle qui dit « Qu'ils mangent de la brioche » en entendant que le peuple n'avait pas suffisamment de pain à manger.

Elle a été guillotinée pendant la révolution et son mari, aussi.

Pendant sa carrière, il a remporté beaucoup de victoires célèbres comme Jena et Austerlitz.

Quelques autres détails personnels
- Elle avait une passion pour les beaux vêtements et les bijoux.
- Elle était jalouse des autres femmes à la cour.
- Elle n'était pas une vraie beauté, mais se croyait très belle.

3. Napoléon

Il est né en Corse en 1769 et il est mort en 1821 à l'île de Sainte-Hélène.

À l'âge de 27 ans, il est devenu général en chef de l'armée française en Italie.

En 1804, il a été couronné *Empereur des Français*.

Ses deux défaites principales étaient la retraite de Moscou en 1812 et Waterloo en 1815.

Quelques détails plus personnels
- Son grand amour s'appelait Joséphine.
- On a utilisé son nom pour nommer une eau-de-vie.
- Il était assez petit et, comme il vieillissait, il devenait très joufflu à cause d'un cancer peu commun.
- Il semble avoir eu l'habitude de marcher, la main dans la jacquette.

4. Édith Piaf

C'était une chanteuse très connue qu'on appelait « la môme », à cause de sa petite taille et de son je ne sais quoi d'elfe.

Elle a eu une vie triste et a chanté sa tristesse dans ses chansons.

Ses chansons « la Vie en rose » et « Non, je ne regrette rien » ont connu le plus grand succès.

Elle a commencé plus au moins comme chanteuse de rue

et elle a vu le côté sale de la vie—la prostitution, la drogue, l'abus de l'alcool, etc.

Ce sont la drogue et l'alcool qui ont contribué largement à sa mort à la fin des années 40.

Elle a encouragé les jeunes artistes, dont beaucoup sont devenus stars grâce à son aide, par exemple, Aznavour, Moustaki, Montand.

Récemment, l'actrice anglaise Jane Lapotaire a interprété sa vie dans un musical sensationnel.

Vocabulaire

un abus	*abuse*
L'alcool (m)	*alcohol*
un amour	*love*
un(e) artiste	*(performing) artist*
un auteur	*author*
autrichien(ne)	*Austrian*
un bedeau	*bell-ringer*
un bijou	*jewel*
bossu	*hunch-backed*
une brioche	*bread-cake*
un cancer	*cancer*
une carrière	*career*
à cause de	*because of*
célèbre	*famous*
une chanson	*song*
une chanteuse	*singer*
très connu	*well-known*
contribuer	*to contribute*
la Corse	*Corsica*
un côte	*side*
la cour	*court*
couronner	*to crown*
une danseuse	*dancer*
décidé	*determined*
une défaite	*defeat*
un détail	*detail*
devenir	*to become*
la drogue	*drugs*
doux	*gentle*
une eau-de-vie	*brandy*
un elfe	*elf*
étranger	*foreign*
garder	*to keep, guard*
un général en chef	*field-marshal*
la gentillesse	*kindness*
un(e) gitan(e)	*gipsy*
grâce à	*thanks to*
avoir l'habitude de	*to be in the habit of*
une île	*island*
interpréter	*to interpret*
une jacquette	*(military) jacket*
jaloux	*jealous*
un je ne sais quoi de	*a certain indefinable quality of*
joufflu	*chubby, tubby*
largement	*largely*
mince	*slim*
une môme	*sparrow, kid*
moyen	*average*
un musical	*musical (play)*
nommer	*to (give a) name (to)*
un parvis	*square (in front of church)*
un personnage	*person(ality)*
peu commun	*uncommon, rare*
un peuple	*people*
plus ou moins	*more or less*
raffiné	*refined*
récemment	*recently*
regretter	*to regret*
remporter une victoire	*to gain a victory*
un roman	*novel*
rose	*pink*
sale	*dirty, filthy*
sembler	*to seem*
un siècle	*century*
un succès	*success*
suffisamment de	*sufficient, enough*
la taille	*build*
triste	*sad*
la tristesse	*sadness*
une tour	*tower*
vieillir	*to grow old*

Unité 16 Aux rouleaux! (2)

Voilà encore six rouleaux à construire. Maintenant, vous savez bien comment les faire.

 Quand vous aurez trouvé les rouleaux et dessiné les bandes, votre prof va vous expliquer ce que vous allez faire avec chaque machine. Bonne chance!

1. J'ai mal . . . !

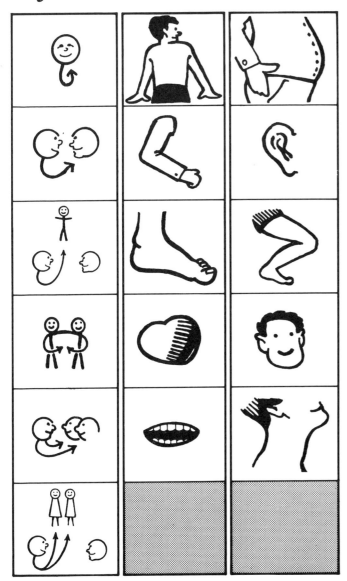

2. La Description personnelle

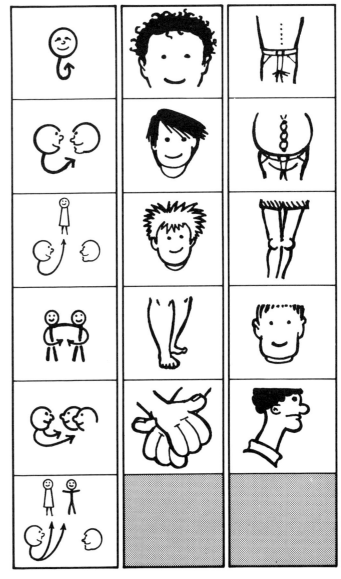

3. Le Parfait avec 'être'

Strip of six person pictures	Strip of five action pictures plus one blank	Strip of five action pictures plus one blank	

4. Je voudrais telephoner en . . .

123754	597216	Douvres	
689203	486685	Edinbourg	
264750	773259	Dublin	
	864924	Swansea	
963847	056998	Bonn	
352159		Lucerne	

5. Les six degrés

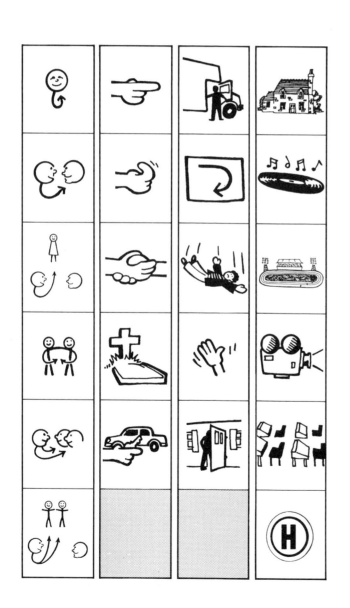

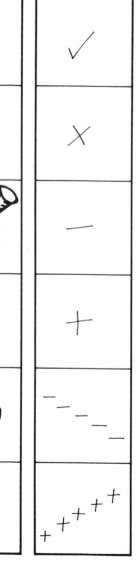

6. Plus ça change!

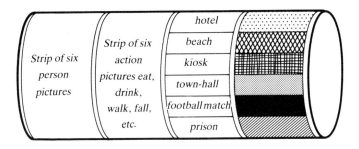

Strip of six person pictures	Strip of six action pictures eat, drink, walk, fall, etc.	hotel	
		beach	
		kiosk	
		town-hall	
		football match	
		prison	

Unité 17 Le Défilé des suspects

Voici un exercice qui montrera si vous avez suffisamment de talent et d'intelligence pour devenir détective. Vous allez entendre des rapports sur une série de crimes. Quelle est votre tâche?

Votre tâche, comme classe ou comme groupe, est d'écouter attentivement chaque histoire après avoir regardé le dessin des sept suspects. Parmi ces sept personnes, il y en a une qui est innocente. Trouvez-la, et aussi l'homme ou la femme qui est responsable de chaque crime.

Dans chaque cas, la description physique du suspect va vous aider à faire votre décision.

Et maintenant, un petit mot aux lectrices. Dans ce petit livre, on traite les femmes et les hommes sur un pied d'égalité comme il faut, mais, cette activité est une exception! Dans le fil de criminels possibles ici, vous ne verrez que deux femmes. La raison en est très claire. La plupart des crimes sont commis par les hommes. L'exercice devant vous reflète cet état des choses!

Pour vous aider, il y a une liste du vocabulaire essentiel, encore une fois en ordre alphabétique. Apprenez cette liste avant de participer à l'activité.

Vocabulaire

un accès	*entry, way in*
s'agir de	*to be a question of*
aux alentours de	*in the surroundings of*
une ambassade	*embassy*
anonyme	*anonymous*
arracher	*to snatch*
un assassinat	*murder*
un athlète	*athlete*
barrer	*to bar, close*
un bâtiment	*building*
un battement	*beating*
la boue	*mud*
britannique	*British*
un bruit	*noise*
un cadavre	*corpse*
une canne	*stick*
une chaussure de sport	*sports-shoe*
chic	*smart, fashionable*
une circonstance	*circumstance*
une clé	*clue*
un coffre-fort	*safe*
contre	*against*
une convention	*conference, convention*
un corsaire	*pirate*
le coupable	*guilty person*
curieux	*curious*
découvrir	*to discover*
désagréable	*unpleasant*
au-dessus de	*above*
détruire	*to destroy*
digital	*of the fingers*
disparaître	*to disappear*
une écriture	*handwriting*
un écrivain	*writer*
emporter	*to carry off*
en exposition permanente	*on permanent display*
une empreinte	*print*
un endroit	*place, spot*
une entrée	*entry*
environ	*about, approx.*
un étage	*storey*
un fait	*fact*
faire fonctionner	*(here) to set off (machine)*
fort	*strong*
habile	*able, skilful*
heureux	*fortunate*
le lendemain	*the day after*
lent	*slow*
avoir lieu	*to take place*
les lieux (m.pl.)	*scene*
à la longue	*at length*
un malfaiteur	*wrong-doer, evil-doer*
le milieu	*middle*
les mutilés de guerre	*war-wounded*
mystérieux	*mysterious*
une odeur	*odour, smell*
oriental	*eastern*
un orteil	*toe*
un parfum	*perfume*
un pavé	*paving (stone)*
une peinture	*painting*
pénétrer dans	*to get into*
une plate-bande	*flower-bed*
propre	*own*
régulier	*regular*
une salle d'exposition	*exhibition hall, display room*
sauf	*except (for)*
sauter	*to explode, go off*
se sauver	*to run off*
une série	*series*
silencieux	*silent*
le sol	*soil, ground*
un(e) survivant(e)	*survivor*
un tas	*pile*
par terre	*on the ground*
un trottoir	*pavement*
un tuyau d'échappement	*drain-pipe*
à toute vitesse	*at top speed*
voisin	*neighbouring*
un vol	*theft*
volé	*stolen*
voler	*to steal*

Unité 18 Messages téléphoniques

Vous allez entendre une série de messages au téléphone.

Avec chaque message, imaginez que vous êtes la personne à l'autre bout du fil et notez les détails essentiels sur un bout de papier. Puis . . .

Communiquez ces détails à votre partenaire sans lui montrer votre papier. Votre partenaire copie ce que vous dites sur une autre feuille de papier.

ou

Écrivez un résumé de la conversation pour la personne imaginaire qui aurait dû recevoir le message.

ou

Votre téléphone est en panne et vous êtes le/la destinataire du message. Écrivez une courte lettre à la personne qui a téléphoné et répondez à ses questions et suggestions.

Pour vous aider, nous avons préparé un petit vocabulaire qui contient beaucoup de mots que vous allez entendre dans les conversations téléphoniqes.

Une suggestion: Apprenez la liste, *avant* d'écouter les messages. Ça va vous donner plus de confiance!

Vocabulaire

accueillir	*to welcome*
une amende	*fine*
(à l') appareil	*speaking (= on the phone)*
apparemment	*apparently*
une assurance	*insurance (policy)*
faire du babysitting	*to baby-sit*
une caméra	*cine-camera*
(dans ce) cas	*(in that) case*
casser	*to break*
une cellule	*cell*
une clinique	*clinic, small hospital*
un commandant	*commanding officer, chief*
se comprendre	*to get on*
contacter	*to contact*
un coup de fil	*phone call*
une crise de nerfs	*nervous attack*

craindre	*to fear*
un délai	*delay*
un départ	*departure*
déranger	*to disturb*
désolé	*very sorry*
une devanture	*front (= show) window*
un directeur	*headmaster*
discret	*discreet*
se disputer	*to argue*
dudit	*of the already mentioned/aforesaid*
enclin à	*inclined to*
s'enivrer	*to get drunk*
enlever	*to remove, take off*
énormément de	*enormous amount of*
essayer	*to try*
essentiel	*essential*
(comme il) faut	*proper, decent*
une faute	*fault*
finalement	*finally*
des frites (f, pl.)	*chips*
une habitude	*habit*
hurler	*to howl*
informer	*to inform*

là-dessus	*concerning this*
un lycée	*grammar, (loosely) sec. school*
se mettre en contact	*to get in contact*
noter	*to note, notice*
la nourriture	*food*
paraître	*to appear*
se passer	*to happen, occur*
passer à	*to call at, go to*
un passager	*passenger*
une perte	*loss*
un plat	*dish*
plein air	*open air*
plonger	*to dive*
prêter	*to lend*
prévu	*agreed, arranged*
prolonger	*to extend, prolong*
proposer	*to propose*
quelque chose	*something*
quelqu'un	*someone*
se querreller	*to quarrel*
rassurer	*to reassure*
ravi (de)	*delighted (to)*
de retour	*returned*
une réussite	*success*
sauf	*except for*
(au) sujet (de)	*on the subject of*
un supporteur	*supporter*
surveiller	*to keep an eye on*
un tournoi	*tournament*
un tremplin	*diving-board*
une valeur	*value*
vis-à-vis de	*in relation to, concerning*
un vol	*theft*

Questionnaires

Avec chaque questionnaire, répondez aux questions *en français*. Il n'est pas nécessaire d'utiliser toujours des phrases complètes.

Message 1

1 Quelle est la raison du coup de téléphone?
2 Où est-ce que la personne s'est blessée?
3 Quand est-ce que l'Anglaise pourra partir?
4 Qu'est-ce que Jeannine va faire?

Message 2

1 À quelle heure ce coup de téléphone a-t-il eu lieu?
2 Pourquoi est-ce que M Lambert téléphone?
3 Qu'est-ce qui est arrivé à la gare du Nord?
4 Décrivez la conduite de la jeune Anglaise dans le train.
5 Qu'est-ce que la police a dû faire?
6 Pourquoi est-ce que M Lambert s'inquiète au sujet de cette jeune Anglaise?

Message 3

1 Pourquoi est-ce que M Bécaud est si content?
2 Qu'est-ce qu'il propose?
3 Que suggère-t-il pour l'année prochaine?
4 Qu'y a-t-il à faire pendant une visite là-bas?

Message 4

1 Expliquer le problème.
2 Comment est-ce que la visite a marché jusqu'à maintenant?
3 Le jeune Anglais, que fait-il aux repas?
4 Pourquoi est-ce que Mme Bernard a téléphoné?
5 Quel est le plat préféré de son jeune visiteur?
6 Selon vous, Mme Bernard de quelle humeur est-elle?

Message 5

1 Qu'est-ce qui est arrivé à Rhodri?
2 Pourquoi a-t-il un peu peur?
3 Quelle question est-ce qu'on pose au sujet d'une assurance?
4 Pour quelle raison est-ce que la dame française compatit avec Rhodri?

Message 6

1 Avec qui le policier français voudrait-il parler?
2 Qui ne doit pas savoir le contenu du message?
3 Décrivez le problème.
4 Mme Fatale, où travaille-t-elle?
5 Où y a-t-il eu un accident de voiture?
6 Quelle est l'opinion personnelle du policier français?
7 Pourquoi faut-il contacter le directeur du lycée?
8 Donnez le numéro de téléphone du commissariat français.

Message 7

1 D'où est-ce qu'on téléphone?
2 Qui est-ce que l'agent doit contacter?
3 Qu'est-ce qui est arrivé après le match?

4 Où est-ce que Winston se trouve maintenant?
5 Quelle est la difficulté actuelle?
6 Qu'est-ce que Mr et Mme Graham doivent faire?
7 Quel est le numéro de téléphone?

Unité 19 Remplissez les blancs!

Voici encore un exercice qui demande pas mal d'énergie mentale!

Dans ce jeu, vous allez entendre quelques morceaux de radio sur des événements et des célébrités qui sont très bien connus en France. Nous vous jetons un défi!

 Comme premier pas, il faut apprendre la liste de vocabulaire ci-dessous.

 Vous écoutez une histoire deux fois. Vous l'entendez en version complète.

 Vous l'écoutez une troisième et une quatrième fois. Mais, maintenant, il y a des blancs. Votre tâche est d'écrire sur votre bloc à notes où dans votre cahier le maximum des mots qui manquent.

Après, écrivez en 100 mots un résumé de chaque histoire.

Vocabulaire

un accord	*agreement*
à l'aide de	*with the help of*
angoissé	*distressed*
assiéger	*to lay siege to*
atteint par	*hit by*
un attentat	*attempted murder*
une barricade	*barricade*
une bergère	*shepherdess*
un bûcher	*stake/funeral pyre*
brûler	*to burn*
un chacal	*jackal*
chasser	*to chase, hunt*
chauffer	*to heat, warm*
une combattante	*fighter (f)*
combattre	*to fight*
condamner	*to condemn*
se corser	*to get worse*
un cours	*course*
couronner	*to crown*
craindre	*to fear*
une découverte	*discovery*
mettre en déroute	*to rout*
faire un discours	*to give a speech*
un doctorat	*a doctorate (univ. degree)*
dresser	*to erect, set up*
un droit	*right*
durer	*to last*
un élément	*element*
un être humain	*human being*
mettre fin à	*to put an end to*
fou/folle	*mad*
l'humanité	*humanity*
inoculer	*to inoculate*
une inoculation	*inoculation, injection*
jusqu'à	*until*
une licence	*a (univ.) degree*
lorrain	*belonging to Lorraine*
un meneur	*leader*
le militaire	*the army*

une montgolfière	*hot-air balloon*	rageux	*rabid*
mordu	*bitten*	un rayon-X	*X-ray*
nombreux	*numerous*	se rebeller	*to rebel*
la nourriture	*food*	se replonger	*to dive back*
obtenir	*to obtain*	une recherche	*(piece of) research*
une occasion	*opportunity*	remporter	*to win, carry off (a victory)*
un(e) partisan(ne)	*freedom fighter*	se rendre	*to surrender*
la pechblende	*pitchblend*	renverser	*to knock over*
perfectionner	*to perfect (= improve)*	se rétablir	*to recover*
les pieds-noirs	*Algerian-born French*	une sorcière	*witch*
polonais	*Polish*	la souffrance	*suffering*
pratiquer	*to practise*	un traitement	*(course of) treatment*
la Prusse	*Prussia*	un vaccin	*vaccine*
quant à	*as for*	vaincre	*to conquer*
la radioactivité	*radio-activity*	la vérité	*truth*
le radium	*radium*	virulent	*virulent*
la rage	*rabies*		

Independent Activities
Silhouettes (pages 1–2)

Odd Man Out!

Look at the strings of shapes below. In each group, there is an odd one out. Decide which it is and write an explanation in French, as to why! Bonne chance!

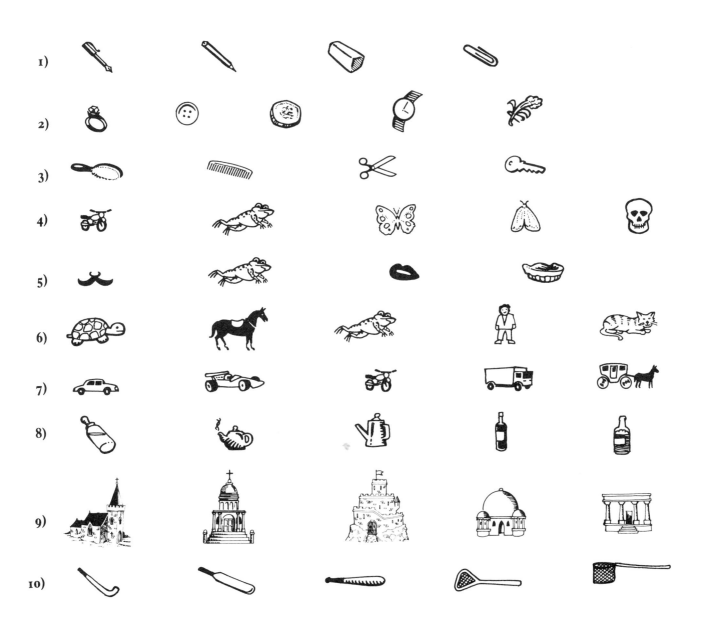

1)

2)

3)

4)

5)

6)

7)

8)

9)

10)

Actions! (1) (pages 3–9)

A. Turn to *action-pictures* 1–20. Choose any ten of these pictures and make a sentence for each in the present tense, using any of:
ne . . . personne,
ne . . . jamais,
ne . . . rien,
ne . . . plus,
ne . . . guère,
ne . . . que.

B. Turn to *action-pictures* 21–40. Choose any pictures you like and make ten double-barrelled sentences from them, using *quand*, e.g.:
Son mari dort dans un fauteuil, *quand* elle court. (Nos 29, 34).

C. Turn to *action-pictures* 41–70. Choose any pictures you like and make ten double-barrelled past sentences. Each one should contain one perfect and one imperfect verb. Introduce the imperfect verb with *pendant que/ chaque fois que/ a mesure que* or *comme*, e.g.:
Il est entre dans la piece, pendant qu'elle peignait un portrait. (Nos 69, 68)

D. Turn to *action-pictures* 71–108. Using them as a guide, fill the gap in each sentence below with a verb which makes sense. Ask your teacher which tense (time) you are to put the verb in.
1. L'alpiniste _____ à la montagne.
2. La serveuse _____ le verre.
3. Le detective _____ un criminel.
4. Le mannequin _____ les cheveux.
5. Il _____ devant le miroir.
6. Elle _____ à l'école a pied.
7. Le cambrioleur _____ l'échelle de corde.
8. L'avion _____ à l'aéroport.
9. Elle _____ dans un fauteuil.
10. Il _____ avec un rasoir électrique.

Actions! (2) (pages 10–12)

A. Write ten sentences, each of which is to include an action, a place, a time, date or season and a weather.

B. Turn to *action-pictures* 69–84. Please put each sentence into the perfect (or pluperfect tense) and add a month or a season to it.

Sur le Plan! (pages 13–15)

Here are a few small map-grids. Please write out a full description of each in French:

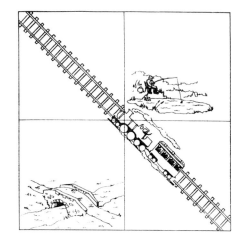
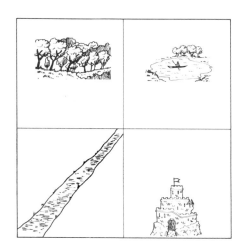

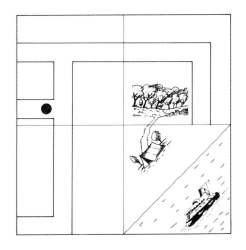

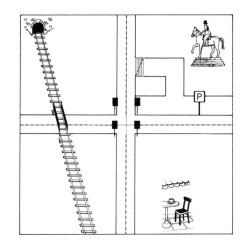

Phrases-Symboles (pages 20–22)

Write out a French version of these *symbol-sentences* in either the present/perfect/imperfect/pluperfect/conditional or future tense:

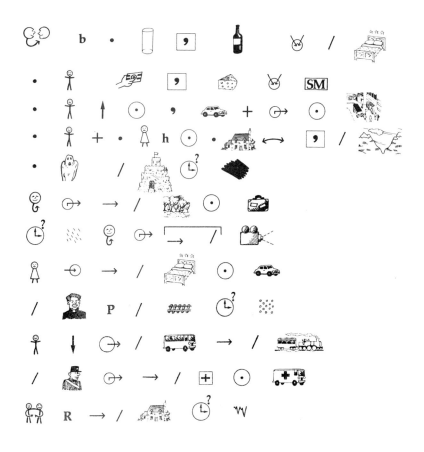

Cinéma-test
(page 27)

Here is a short sequence of pictures. Prepare three questions in French on each frame of the film-strip, to be used for pair-work with your partner next lesson. If you have already dealt with the perfect and imperfect tenses, please write your questions in the past.

Une vue confuse
(page 32)

Here are some objects, people and places, caught in a fog! Guess the identity of each, then write a series of questions and answers which lead you to your solution:

Qui suis-je?
(pages 39–42)

Please write out in French a *vignette* of each of the following:
1. a particular friend,
2. your form-teacher,
3. your French teacher,
4. a school sports personality,
5. a school musician,
6. a local character.

Messages
téléphoniques
(pages 48–50)

Here are the outlines of some telephone messages in English. Imagine you are going to phone them through to a French-speaking person who has no English and prepare the messages in French. Try to make sure you write complete sentences.

Message 1

You are going to phone a M/Mme Bérenger. You tell or ask her/him . . .
1. How pleased you are to have their son/daughter with you.
2. You would like to suggest (s)he stays longer.
3. How much longer could (s)he stay?
4. Would M/Mme Bérenger like to stay with you next year?
5. If so, when?

Message 2

You are to phone M/Mme Bonsang and state or ask the following:
1. Their son/daughter has had an accident.
2. His/her left arm is broken.
3. Give the name of the hospital and its phone number.
4. The son/daughter will be several days late home.
5. Should your son accompany her/him?

Message 3

You need to contact M/Mme Dépardieu with the following questions and information:
1. Their son/daughter has lost his/her passport.
2. M and Mme Dépardieu need to inform the town-hall and the police.
3. They must arrange for an emergency copy of the passport.
4. It was not the young person's fault.
5. The passport was stolen at the bus-station.

Remplissez les blancs!
(pages 51–52)

Here is a series of sentences taken from Unit 19. See if you can write out each one *completely!*
1. Tout le monde a entendu . . . de Jeanne d'Arc.
2. Elle est . . . à Domrémy en Lorraine . . . 1412.
3. Elle a rencontré le . . . Charles VII à Chinon.
4. Ses soldats ont combattu l'ennemi . . . courage.
5. Peu à . . . Jeanne et son armée ont mis les . . . en déroute.
6. Son exécution a eu . . . le 31 mai, 1431.
7. La guerre franco-prussienne a . . . un an.
8. C'était déjà l'. . . et le bombardement, le froid et la faim ont causé beaucoup de souffrances et . . . morts.
9. Léon Gambetta s'est échappé de la capitale dans une . . .
10. Les Français ont même dû manger . . . chiens et . . . chats.
11. Marie Curie était une Polonaise . . . est devenue Française.
12. Ils . . . invité Marie . . . rester chez eux.
13. En 1894, elle a obtenu . . . licence après trois . . . de travail.
14. Pierre a été renversé et tué . . . un cheval.

Passages Enregistrés

Le Défilé des suspects

A

Il s'agissait d'un vol au milieu de la nuit. Le malfaiteur a pénétré dans le deuxième étage du bâtiment, tout en montant un tuyau d'échappement. Pour faire cela, il a dû être assez grand et un athlète habile, parce que le tuyau finissait deux mètres au-dessus du sol. Aussi, il a été très fort, parce qu'il a volé un coffre-fort et l'a emporté dans ses propres bras.

Il a laissé une clé: une empreinte de chaussure de sport dans la boue d'une plate-bande.

B

Ici, il s'agissait d'une peinture volée. Le criminel devait connaître les lieux du crime (une galérie chic) comme chez lui, parce qu'il a fait son entrée sans difficulté et sans faire fonctionner l'alarme.

Il y a une clé très importante: le lendemain, quand on a découvert le vol, il y a eu une forte odeur de parfum cher dans la salle d'exposition.

C

Ici, il était question d'un vol dans la rue, encore une fois très tard dans la nuit. Le malfaiteur a arraché le sac à main à une vieille dame près d'une station de métro. Puis, il s'est sauvé à toute vitesse et a disparu. Chose curieuse, il ne faisait presque pas de bruit pendant qu'il courait.

D

Un assassinat a eu lieu chez Mme Tussaud à Londres dans des circonstances mystérieuses. Un matin, le directeur, un certain M M. O'Dell, a ouvert la porte d'entrée du bâtiment, a pénétré dans une des salles, et a trouvé un cadavre par terre. Ceci est arrivé dans une salle où il y avait en exposition permanente les personnages de « L'Île au trésor » du célèbre écrivain britannique, Robert Louis Stevenson.

Chose bizarre, il y avait aussi par terre un tas de vêtements à l'endroit où on aurait dû trouver le modèle représentant le célèbre corsaire, Long John Silver. Ce modèle avait disparu.

E

Voilà une histoire très désagréable. Il y a un an environ, quelqu'un a planté une bombe devant l'Ambassade d'un pays oriental à Paris. La bombe a sauté et le bâtiment a été détruit. Chose curieuse, l'accès à la place où se trouvait l'Ambassade avait été barré à tous, sauf aux participants à une convention de mutilés de guerre dans un bâtiment voisin.

Une survivante à l'explosion se rappelle un fait curieux. La place avait été très calme et silencieuse pendant les quelques minutes avant l'explosion et la survivante avait entendu des pas réguliers et lents sur le trottoir, accompagnés d'un petit battement, comme d'une canne contre les pavés.

F

Il y a eu une série de lettres anonymes aux alentours de Bayonne. On en cherchait l'auteur depuis longtemps. Il semblait que le malfaiteur n'avait pas eu beaucoup d'éducation, parce que l'écriture était très mauvaise. À la longue, on a arrêté le coupable après une erreur heureuse de sa part. Il a laissé une empreinte sur une des lettres.

Ce n'était pas une empreinte digitale, mais celle d'un orteil!

Messages téléphoniques

(Transcripts of telephone messages)

I

Pouvez-vous contacter Mme Fortune pour moi; mon nom est Queffelec? Je suis désolée, mais Angela, la fille de Mme Fortune a eu un accident à la piscine plein air. En plongeant du haut tremplin, elle s'est cassé la jambe gauche. Maintenant, elle se trouve à la clinique Fosbach. Elle devra y rester quatre ou cinq jours, mais, malheureusement, il y aura un petit délai vis-à-vis de son départ d'ici. Elle pourra repartir en bateau le 16 août au plus tôt. Notre fille Jeannine va l'accompagner, comme prévu.

2

Allô, ici M Lambert. Désolé de vous appeler à 10h du soir, mais nous avons un petit problème. Pouvez-vous passer ce message à votre mère, quand elle sera de retour après le concert? C'est que votre sœur Tonia n'est pas arrivée ici! Nous sommes passés à la gare du Nord la prendre, mais elle n'est pas descendue du train. La difficulté c'est que quelqu'un nous a informé qu'il y a eu une jeune Anglaise dans le train jusqu'à Beauvais. Mais, celle-ci buvait beaucoup de bière et elle s'est disputée avec les autres passagers. Finalement, la police a dû l'enlever du train. Apparemment, elle chantait tout le temps et hurlait quelque chose comme «Up the United!». Nous voudrions savoir si Tonia a l'habitude de boire. Aime-t-elle chanter comme ça?

3

Bonjour, c'est M Bolshaw? Ici Gilles Bécaud. Nous avons été ravis de recevoir votre fille Elisabeth. Elle et notre Florence se sont très bien comprises. Alors, je voudrais vous proposer qu'on prolonge un peu sa visite. Si elle restait encore une semaine, seriez-vous d'accord là-dessus? En plus, ça nous ferait énormément de plaisir de vous accueillir, vous-mêmes, l'année prochaine. Est-ce que ça, c'est possible pour vous? Nous habitons une ville très agréable et nous pourrions faire des excursions dans la région.

4

Allô, Mme Baxter, Mme Bernard à l'appareil . . . Ce n'est pas Mme Baxter . . . oh, pardon . . . Ah, vous faites du babysitting. Excusez-moi de vous déranger, mais pouvez-vous passer un petit message à Mme Baxter? Je voudrais parler avec elle ou avec M Baxter au sujet de leur fils Nicholas. C'est un gentil garçon, très comme il faut, mais sa visite n'a pas été une réussite totale. C'est qu'il n'aime pas la nourriture française et qu'il n'est pas très enclin à essayer les plats que nous préparons. Pouvez-vous demander à Mme Baxter de me passer un coup de fil pour me dire ce que Nicholas aime manger en Angleterre. Je sais bien qu'il aime les frites, mais on ne peut pas toujours manger ça!

5

Puis-je laisser un message avec vous pour les Lewis-Jones? Leur fils Rhodri reste chez nous en Provence et il a perdu la caméra que son père lui avait prêtée. Aussi quelques cassettes. Pourriez-vous dire directement à Mme Lewis-Jones que Rhodri a eu une crise de nerfs parce qu'il craint la réaction de son père. Je ne sais pas si la famille a une assurance qui couvre la perte ou le vol des objets de valeur comme ça. Si Mme Lewis-Jones pourrait me contacter, je crois que ça rassurerait le garçon. Ce n'était pas de sa faute. Il était à la gare et il avait trop à surveiller.

6

Allô, c'est bien le poste de police à Grontham? Ici, le commissariat à Montpellier. Je voudrais parler avec votre commandant . . . Il n'est pas là? Dans ce cas, il faut lui passer un message. C'est une question discrète et pour le moment personne dans la ville de Grontham, sauf la police, ne doit savoir ce qui se passe. En voici les détails essentiels:

Il paraît qu'un des profs qui accompagnent votre groupe ici à Montpellier, un certain M Slingsby-Claw, a disparu avec une prof du collège d'enseignement secondaire, une Mme Fatale. Il n'y a pas eu d'accident, ni sur la route ni en montagne. Personnellement, je crois que c'est une affaire du cœur.

Alors, demandez au commandant s'il vous plaît de contacter le directeur de votre lycée et de poser des questions discrètes sur le caractère du dit M Slingsby-Claw. Notre numéro de téléphone est le 49.57.86 à Montpellier.

7

Pouvez-vous noter ceci pour votre commandant, s'il vous plaît? Je suis inspecteur de police à St Étienne. Je vous parle du poste de police principal ici. Dites au commandant que je dois me mettre en contact avec la famille d'un certain Winston Graham qui est supporter de Melchester United. Après le match dans le tournoi de la Coupe européenne hier soir, le jeune Graham a bu trop de vin fort et s'est enivré. Il a attaqué les devantures de quelques magasins en ville et a causé des dégâts. Aussi, il s'est querellé avec deux de nos agents et se trouve maintenant dans une cellule ici. Chose difficile, sa famille n'a pas le téléphone et ses parents doivent savoir qu'il doit payer une amende de 2500 francs avant de quitter notre poste.

Pour cette raison, il est essentiel que quelqu'un passe chez les Graham pour leur donner notre numéro de téléphone, le 83.09.63. à St Étienne. Merci.

Remplissez les Blancs!

L'Algérie française

Il existait un très grand <u>problème</u> pour la France pendant les années 50 et au début des années 6o. Jusqu'à 1960, la majorité des Français <u>considéraient</u> l'Algérie comme une partie de la France, mais il y avait une <u>guerre</u> dans ce pays entre les militaires français et les partisans <u>algériens</u>.

En septembre 1959, le Président de la République le général de Gaulle a fait un discours historique à la <u>télévision</u>, où il a reconnu aux Algériens le droit de <u>décider</u> eux-mêmes de leur avenir. Ceci n'a pas plu aux Français d'Algérie (qu'on <u>appelle</u> les Pieds-Noirs) et ils se sont révoltés, en dressant des barricades <u>dans</u> les grandes villes comme Alger.

La situation s'est corsé et en <u>avril</u> 1961 plusieurs généraux se sont rebellés. Cependant, de Gaulle <u>savait</u> ce qu'il devait faire et en mars 1962 un accord signé à Evian a mis <u>fin</u> à la guerre. Cet accord a été signé avec les meneurs de la <u>résistance</u> algérienne, mais la majorité de la population française a <u>approuvé</u> la décision.

Malheureusement, l'affaire n'était <u>pas</u> tout à fait finie et les Pieds-Noirs ont tenté d'assassiner de Gaulle l'année suivante au Petit-Clémart non loin de Paris. L'attentat n'a pas <u>réussi</u>.

L'écrivain anglo-irlandais Frederick Forsyth a <u>utilisé</u> cet incident en écrivant son best-seller *Le Jour <u>du</u> chacal*.

Louis Pasteur

Le savant Louis Pasteur est <u>célèbre</u> à cause de ses découvertes scientifiques et de son travail pour <u>l'humanité</u>. Sa découverte principale a peut-être été le <u>vaccin</u> qu'il a développé contre la rage.

En <u>juillet</u> 1885, le docteur Pasteur a reçu la visite dans son laboratoire d'un jeune Alsacien Joseph Meister, âgé de 9 ans. Le garçon <u>a été</u> mordu par un chien rageux.

Après un peu d'hésitation, Pasteur, qui n'avait pas encore <u>pratiqué</u> la vaccination sur aucun être humain, a inoculé le garçon.

Joseph a été obligé de suivre une série de dix inoculations, chacune plus violente que la, dernière, et il <u>est</u> <u>devenu</u> malade.

Pasteur était angoissé pendant les 20 jours du <u>traitement</u> et il n'a pas dormi à cause de la possibilité d'une <u>réaction</u> très violente de la part du jeune Alsacien. Le vingtième jour, Joseph s'est <u>rétabli</u> et Louis Pasteur avait gagné encore une <u>bataille</u> pour l'humanité.

La Guerre franco-prussienne

La guerre franco-prussienne a <u>duré</u> un an. En 1870, l'empereur Napoleon III a <u>déclaré</u> la guerre à la Prusse. Malheureusement, son armée n'était ni très nombreuse ni très bien <u>préparée</u> et elle a été vaincue à la bataille de Sedan.

Après cette bataille, Les Prussiens ont assiégé <u>Paris</u>. C'était déjà l'hiver et le bombardement, le froid et la faim ont causé <u>beaucoup</u> de souffrance et de morts. Il n'y avait presque <u>rien</u> pour chauffer les maisons et <u>quant à</u> la nourriture, les Parisiens ont même dû <u>manger</u> leurs chiens, leurs chats et les rats!

Mais les Parisiens <u>ont tenu</u> longtemps (plus de cinq mois dans des conditions terribles <u>avant</u> de se rendre). Pendant ce temps, un homme très courageux, Léon Gambetta, s'est échappé <u>de</u> la capitale dans une montgolfière. Il a organisé <u>une</u> nouvelle armée pour sauver la France.

Cette armée a eu quelques <u>succès</u> mais l'armée prussienne a remporté les dernières batailles sur <u>tous</u> les fronts. Les Prussiens ont demandé l'Alsace et la <u>Lorraine</u> et la France a dû rendre les deux provinces à la Prusse pour <u>obtenir</u> la paix.

L'Alsace et la Lorraine devaient encore <u>changer</u> de nationalité plusieurs fois <u>pendant</u> les cent ans suivants!

Marie Curie

Marie Curie était une Polonaise <u>qui</u> est devenue Française. Elle est née en 1867 <u>à</u> Warsowie. En 1891, Marie a eu l'occasion d'aller à Paris. Sa <u>sœur</u> Bronia, qui est devenue médecin, s'était mariée <u>avec</u> un autre docteur polonais et ils se sont installés dans la <u>capitale</u> française. Ils ont invité Marie à <u>rester</u> chez eux.

Marie a accepté l'invitation <u>volontiers</u> et, une fois là-bas, elle a travaillé <u>dur</u> pour perfectionner son français. Elle a commencé à étudier les maths et les sciences physiques <u>à</u> l'université de la Sorbonne à Paris.

En 1894, elle a obtenu <u>sa</u> licence après trois ans de travail. Pendant ses études, <u>elle</u> a rencontré un jeune Français Pierre Curie <u>qui</u> étudiait les mêmes matières qu'elle.

Marie est <u>rentrée</u> à Warsowie, mais un an plus tard elle était de <u>retour</u> à Paris. Pierre et elle se sont mariés et ils ont commencé à <u>faire</u> des recherches sur les rayons-X. Au cours <u>de</u> leurs recherches, Marie, qui travaillait <u>avec</u> la pechblende a découvert avec l'aide de Pierre, un <u>nouvel</u> élément-le radium. Ensemble, ils ont <u>identifié</u> la radioactivité.

En 1903, Marie a reçu <u>son</u> doctorat et aussi le prix Nobel pour les sciences physiques. <u>En</u> avril 1906, Pierre a été renversé et tué par un cheval <u>dans</u> la rue et Marie s'est replongée dans son travail.

Elle a travaillé encore trente ans et a reçu <u>toutes</u> sortes d'honneurs. Marie était surtout intéressée par la réalisation que le radium pourrait combattre le cancer.

Malade, elle est morte <u>à</u> l'âge de soixante-six ans, affectée par le radium avec <u>lequel</u> elle travaillait. C'était une grande combattante <u>pour</u> l'humanité et ses découvertes dans le domaine de <u>la</u> radioactivité ont aidé énormément dans la lutte <u>contre</u> le cancer.

Jeanne d'Arc

Tout le monde a entendu parler de Jeanne d'Arc, la jeune paysanne lorraine qui est devenue une sainte.

Il y a des gens qui diront qu'elle était folle et il y en a d'autres qui insisteront qu'elle a sauvé la France de la domination de l'Angleterre par son courage personnel et par sa dévotion. Quelle est la vérité?

Elle est née à Domrémy en Lorraine en 1412 et, jeune bergère, elle a entendu un jour des voix, qui lui disaient de chasser l'armée anglaise de la France. Elle a rencontré le roi Charles VII au château de Chinon et Charles lui a laissé commander une de ses armées.

Jeanne a attaqué les Anglais à Orléans et, blessée, elle a inspiré par son exemple ses soldats qui ont combattu l'ennemi avec courage et ont remporté la bataille.

Peu à peu Jeanne et son armée ont mis les Anglais en déroute et Charles VII a été couronné à la Cathédrale de Reims. Quand, un peu plus tard, Jeanne a été prise et emprisonnée à Compiègne, Charles n'a rien fait pour l'aider, parce qu'il la craignait.

Les Anglais ont condamné Jeanne à mort à Rouen, en l'accusant d'être une sorcière et parce que, eux aussi, ils la craignaient. Son exécution a eu lieu le 31 mai, 1431. Elle a été brûlée comme une sorcière au bûcher, pendant que beaucoup de spectateurs pleuraient.

Voilà deux questions pour vous:
● Comment est-ce qu'une jeune fille pourrait battre une grande armée quand les généraux français n'avaient pas eu de succès?
● Est-il normal de pleurer la mort d'une sorcière?

Also by Rod Hares:

Teaching French
Der deutsche Aufsatz (with C. G. Clemmetsen)
Compo! (with Geneviève Elliott)
Compo-Lit!
Gute Literaturnoten
Scenario (German)